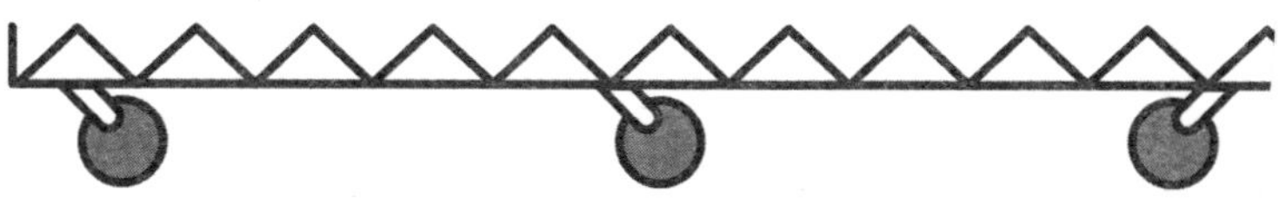

心理学与沟通的艺术

黄开◎编著

懂心理，表情波澜不惊
会讲话，出口委婉动听

做让人舒服的人，说让人舒服的话

中国纺织出版社有限公司
国家一级出版社
全国百佳图书出版单位

内 容 提 要

要把话说得让人舒服，就要投其所好，让对方乐意听，因势利导，让对方采纳自己的观点。通过观察了解对方心理，来说对方喜欢听的话以传递新信息，这就是言语表达的完美体现。

本书详细剖析了说话与心理的关系，列举了幽默、赞美、说服、批评等语言表达艺术，总结了一系列有效的说话技巧。深谙心理学，说话让人舒服，在合适的场合、合适的时机，对合适的人说合适的话，把话说得恰到好处，会令听者如沐春风。

图书在版编目（CIP）数据

心理学与沟通的艺术 / 黄开编著. --北京：中国纺织出版社有限公司，2019.11（2023.1 重印）

ISBN 978-7-5180-6234-8

Ⅰ.①心… Ⅱ.①黄… Ⅲ.①心理交往—社会心理学—通俗读物 Ⅳ.①C912.11-49

中国版本图书馆CIP数据核字（2019）第098218号

责任编辑：李 杨　　特约编辑：王佳新　　责任印制：储志伟

中国纺织出版社有限公司出版发行

地址：北京市朝阳区百子湾东里A407号楼　邮政编码：100124

销售电话：010—67004422　传真：010—87155801

http://www.c-textilep.com

中国纺织出版社天猫旗舰店

官方微博http://weibo.com/2119887771

佳兴达印刷（天津）有限公司印刷　各地新华书店经销

2019年11月第1版　2023年1月第3次印刷

开本：710×1000　1/16　印张：13

字数：178千字　定价：39.80元

前 言

日常生活中，任何人想要成就一件事都需要与人合作，而与人合作就免不了要进行沟通。或许有人会说，说话这么简单的事情，谁不会呢？确实，每个人都会说话，只是有的人说话好听，有的人说话不好听，说话好听的人，令听者舒服，可谓是“言之有物、言之有序、言之有理、言之有情”。说话让人舒服，也就是人们在进行语言表达的过程中，运用准确、得体、生动、巧妙、有效的口语表达策略，达到特定的交际目的，获得圆满的交际效果。

说话就是生产力，人们完全可以通过有效的话语来达到一定的目的，像马云、俞敏洪、李开复等，他们身上都淋漓尽致地体现了说好话能够创造巨大的价值这一点。说话之前，通过察言观色来揣摩对方的心理，从而开口说出留下好印象的第一句话；说话过程中，要适时倾听和提问，促进沟通的顺利进行；说话结束时，要道出真诚之语，为下一次沟通作好铺垫。可以说，心理学贯穿了言语沟通的整个过程，懂心理，才会说出让人舒服的话。

若想说话取得好的效果，就需要根据对方的具体情况说话，换而言之，就是说出对方想听的话，而不是不管对方想不想听都要说。每天滔滔不绝说到口干舌燥也是说话，但这并非善于说话，说话，所体现的是一场心理对话，只有把握好对方的心理，我们才能顺势说出让人舒服的话。

语言是交际工具，人们借助语言传递信息，却往往不能取得良好的表达效果。语言可以动听，辞藻可以华丽，这确实有利于取得好的表达效果，但不一定是对方想听的话。说话是一次信息的传播，目的在于获得对方的认同，深谙对方心理有助于促成对方对自己观点的认同。说话与心理息息相关，如果一个人在进行语言表达时完全不考虑对方心理侃侃而谈，那很有可能会让对方反感，只有在了解对方心理的基础上，然后再进行交流，知己知彼，才能把话说到点子上，从而取得良好的表达效果，使所说的话对听者产生积极的影响。

编著者

2019年3月

目　录

第 01 章

说话是一种技巧，把话说得好听是一种能力

说话是一门艺术，俗话说得好："一句话把人说跳，一句话把人说笑。"言语表达是一种技巧，把话说得好听是一种能力。说话好听的人，令听者舒心，不会感到有任何的不愉快，不仅完全接受其所说的观点，而且对说话者充满好感。

什么才叫“会说话”

生活中，几乎每个人每天都在说话，然而，你真的会“说话”吗？看到这个问题，一定有很多人都觉得莫名其妙，孩子长到一岁多就会说话，除非是聋哑人，否则有谁不会说话呢？但是，真的有很多人不会说话。常言道，“会说说得人笑，不会说说得人跳”，不会说话的人一张嘴总是要得罪人，或者让人心生不悦，会说话的人却总是能够把话说得悦耳动听，让人情不自禁地喜欢听他说话。

举个最简单的例子，当朋友邀请你吃龙虾时，你却直截了当地说：“小龙虾多脏啊，不能吃！”这时，原本兴致勃勃的朋友一定会对你怒目而视，幸好你女朋友很会说话，赶紧打圆场：“你这个土老帽儿，现在你想吃野生的龙虾也没有了，都是养殖的，哪里还脏呢！龙虾多好吃啊，你从来没吃过，今天正好可以尝试一下。”这时，朋友的脸上才阴转晴，渐渐露出笑脸。再如，你去参加女性朋友的结婚典礼，大喊道：“亲爱的，你终于嫁出去了。”这时，女性朋友即使碍于面子不好直接说你，心中也一定不悦：我又不是嫁不出去，看你愁得。这些，都是说话不入耳给人带来的麻烦，一定会让你无形中得罪人，因而，从今天开始，我们就要学会说话，并且努力做到把话说得悦耳动听。这样，我们才能得到朋友的喜爱，才能拥有好人缘。

当然，并不是所有不会说话的人都是刻意给他人添堵。大多数情况下，某些人之所以说话难听，往往出于无心之失。有些人性格古怪，固执己见，不管做什么事情都只会从自己的角度出发；有些人则直截了当，再难听的话也不会委婉地表达，因而无形中得罪了他人；还有些人说话不分时间、场合，更不分交谈对象，因而总是招人厌烦。总而言之，我们要想把话说得悦耳动听，就必须更加小心谨慎，考虑周全。

很久以前，有个财主意外地发了一笔横财，又恰巧马上就要过年了，因此他决定宴请亲朋好友吃饭喝酒，让大家好好地大吃大喝一顿。眼看着请客的时间已经到了，但是还有很多客人没有来，财主喃喃自语：“怎么回事，马上就要开席了，怎么该来的还没有来呢！”听到这句话，有些心思细腻敏感的客人暗暗琢磨：该来的还没有来，言外之意不就是说不该来的已经来了么！既然不受欢迎，我们还是走吧！想到这里，他们纷纷起身告辞。看到这种情形，财主更着急了，大声喊道：“哎，怎么不该走的都走了呀！宴席都准备好了啊！”听到这话，剩下还没有走的那些客人又多想了：不该走的都走了，不就是说我们这些该走的反而赖着不走么！他们也都不约而同地走了，最终，席间只剩下一位客人。这位客人平日里与财主交往密切，关系比较好，因而告诉财主：“你呀，就是不会说话。”财主说：“哎呀，其实我不是那个意思，不是让那些人走的。”仅剩的客人一听，既然不是让那些人走的，本意是让我走的啊！因而，他也气呼呼地走了，连头也不回。

在这个事例中，财主意外发了一笔财，因此想请亲朋好友吃饭喝酒。不想，他却因为不会说话，让所有到场的客人都愤怒离席，再也不想吃他的饭喝他的酒了，为此，财主懊悔不已，却已悔之晚矣。

同样的意思，如果通过不同的方式表达出来，往往会产生截然相反的效果。财主的本意是好的，却因为表达方式不恰当，而把客人们都赶走了。如果财主能够换一种方式，在最初的时候说："很高兴大家赏光，我们的宴席很快就要开始了。但是因为还有一部分客人没有到场，所以恳请大家继续等待一会儿。"这样的话，不但对在场的客人表示了欢迎，也表达了自己想要等人到齐了再开席的愿望，根本不会得罪人。日常生活和工作中，我们要想与他人搞好关系，就一定要学会表达，学会恰到好处地说话。具备说话的能力，不一定代表会说话，只有真正地会说话，我们才能在人际交往中如鱼得水。

首因效应，说好第一句话

通常情况下，我们与他人初次见面，或者是为了找工作进行面试，或者是为了相亲而准备，一定会非常注重自己的形象。细心的人会精心准备服装，男士会刮刮胡须，理理发，女士会挑选得体的衣服，做做头发，化化妆，大多数人的准备工作都是为了给他人留下良好的第一印象，因为近年来我们越来越深刻地意识到第一印象的重要性。然而，我们往往忽略了一个事实，即第一句话和仪表服装同样至关重要。在做好面子工程的同时，我们也应该更好地准备说辞，从而第一句话就给人留下深刻印象，帮助自己在他人心目中建立良好形象。

从心理学的角度来说，不管是仪表服装还是第一句话，之所以能够起到至关重要的作用，都是因为首因效应。所谓首因效应，也叫首次效应，或者是第一印象效应，最早是由美国心理学家洛钦斯提出的。通俗地说，首因效应指人们在初次交往时形成的第一印象会对此后的交往产生深远影响，也就是我们平日里所说的先入为主。尽管这些初次交往时形成的印象未必全面和正确，但是它们会异常深刻地印在人们的脑海中，对人们未来的交往起到决定性作用。因此，第一印象如果好，后来的交往也会相应地更加顺利。相反，如果第一印象很差，则人们会因为先入为主，导致后面的交往很难扭转印象，甚至故意产生对抗的状态。由此可见，第一印象影响深远，不过，需要注意的是，第一印象的形成并不仅仅依赖面子工程，言谈举止，尤其是张口说的第一句话，也是至关重要的。

那么，如何做好第一句话的准备工作呢？俗话说，行家一出手，就知有没有，我们要说，行家一开口，就知有没有。要想说好第一句话，首先必须更多地了解对方，也许有人会说，如果是面试，我怎么可能了解对方呢！当然，你是不可能预先知道面试官的情况的，但是你肯定知道自己面试的是哪家公司，作为有心人，如果你能提前了解公司情况和公司的企业文化，想必在面试时回答问题总不至于南辕北辙；如果是相亲，则更加好办，可以从介绍人那里获得更多信息；要是谈判或者其他的商务场合，收集信息则更加容易。总而言之，只要你处处留心，一定能想方设法地收集到更多的信息，这样一来，你的第一句话也会说得更有针对性。

今年正在读大四的刘刚，和大多数同学一样，每天都忙着找工作。然而，刘刚接连面试了十几家公司，都没有得到回音，为此，刘刚觉得自信心大打折扣，甚至开始怀疑自己的能力。老师在得知刘刚的困惑后，问："你每次参加面试，是怎么介绍自己的呢？"刘刚想了想，说："我就是如实说的啊，例如，‘我叫刘刚，毕业于南京财经大学，是大四学生’。”老师笑着说：“你不觉得你这个开场白太过于平淡了吗？如果第一句就让人觉得乏味，面试官是没有耐心听你说下面的话的。”刘刚困惑地问：“那么，我应该怎么说呢？大家不都是这么说的吗？”老师摇摇头，说：“杜琴是班级里最先敲定工作的，你可以请教她。”

向杜琴取经后，刘刚才恍然大悟。这次面试，他完全像变了个人，面试官对他说：“请介绍一下自己。”刘刚笑着说：“您好，我不是一名普通的应届大学毕业生。大学四年，我一直在勤工俭学，不但为清华社当过兼职编辑，还在卖场推销过电脑、打印机，也卖过女生用的化妆品、面膜，等等。当然，每年的情人节我是一定会去卖花的，因此我对情人节的行情非常了解。这些，都是我在南京财经大学大四学生身份之外的附加值，希望能够让您满意。”和刘刚此前的自我介绍相比，仅是那一句“我不是一名普通的应届大学毕业生”，就让面试官瞬间抬起头来疑惑地盯着他。由此一来，刘刚接下来的自我介绍一字不差地进入了面试官的耳朵里，从而让面试官更加了解刘刚，也准确记住了刘刚。果不其然，采取新的自我介绍法面试三次之后，刘刚就顺利找到了一份心仪的工作。

第一句话，往往会给人留下深刻的印象。尤其是当你面对着的是低着头看资料的面试官时，你的第一句话更加能够先声夺人，让面试官在看到你之前就对你形成良好的印象。由此一来，面试官看你总是非常顺眼，这就是首因效应的功劳。

做任何事情，都应该争取有一个好的开始，只有开头良好，我们才更有可能走向成功。不管面对谁，也不管是在何种场合，我们都应该拥有良好的心理素质，做到不卑不亢，落落大方。在此基础上，我们还应该用心琢磨开场白的第一句话，为自己赢得开门红。需要注意的是，第一句话千万不要夸大其词，可以猎奇，但是要能够完满地自圆其说。只有保持冷静和理智，以事实为基础，才能帮助你赢得他人的赞许和认可。

别出心裁，说与众不同的话

即使一百句平平淡淡的话，也抵不上一句巧话，即使一百句巧话，也抵不上一句奇话。人们耳边每天都充满了聒噪的声音，真正能够让他们印象深刻的，就是那些出奇制胜的话，别出心裁的话，另有心意的话。尤其是在职场上，如果你想介绍自己，那么一个别开生面的自我介绍就能够让他人记住你。否则，即使你进入公司一段时间了，只怕也依然有很多人不知道你的名字，对你更没有印象。由此可见，要想在职场上叱咤风云，首先要有个开门红，而开门红的关键就在于要以奇话介绍自己，让大家在最短的时间内牢牢地记住你，毫无疑问，被领导记住是大有好处的。很多内向的人恨不得没有人关注自己才好，而真正的聪明人总是抓住各种各样的机会让他人记住自己，这样才能为自己争取更多的机会。

时至今日，我依然记得初中时代的数学老师——张琦。张老师如果生在古代，一定是个美男子，他有一张国字脸，显得非常有男人的气概，而且肤色白皙，却又长着浓密的络腮胡。他的眼睛很大，是双眼皮，而且不说话的时候也给人笑意盈盈的感觉，但实际上，他是一个非常严厉的老师，对大家的要求也特别严格。当然，这一切都是在听完张老师的自我介绍之后才观察到的，也可以说，我是因为张老师的自我介绍，才特别地留意了他。

那天是9月1号，张老师只是数学老师，不是班主任，因此我们直到九月一号的数学课上才初次见面。只见他迈着矫健的步伐走上讲台，然后面向大家说："我叫张琦——"说完，他停顿了片刻，接着又说道："就是长得很奇怪的意思，同学们可以看看，我的头发都长到脸上了。"他话音刚落，同学们就哈哈大笑起来。就这样，张老师以这个简短有力的开场白，让每个同学都记住了长得奇怪的他。

此后的日子里，我对张老师的感觉一直很特别。他是那么与众不同，外冷内热，看似有一双笑眼，却无比严厉，但是心底非常善良，一心一意都是为了同学们好，渐渐地，我们都喜欢上了这个长得奇怪的老师。

对于一个老师来说，在接手一个新班级的时候，先声夺人是很有必要的。众所周知，现在的初中生已经不像以前的孩子们那么简单幼稚，而是越来越成熟，也充满了力量。因而，承担着师道尊严的老师，一定要在初次和孩子们见面时就给孩子们留下深刻的印象，并且树立自己的威严，这样才能为接下来的教学工作创造便利。很多老师在与新同学见面时喜欢喋喋不休地介绍自己，其实同学们根本就不在乎他是哪所名牌大学毕业的，也不知道他所说的那些头衔有何作用。实实在在的开场白，才是同学们形成对老师第一印象的直观感受，这也是张老师比班主任更早地被全班同学记住的原因。

现代社会越来越重视人际交往，在交际舞台上，我们要想成为耀眼的新星，就一定要亮出自己的风采。很多情况下，专业能力和知识技能仅仅对专业性较强的工作起到重要的辅助作用，而对人际交往没有太多的帮助。在这种情况下，我们就要充分发挥自己的高情商，给自己来个与众不同的出场。与其唠唠叨叨地说个没完没了，不如三言两语地说个潇洒，这样也能博得他人的尊重和认可。很多人做人做事都讲究按部就班，殊不知，不按照常理出牌往往能够出奇制胜，帮助我们先声夺人，甚至是一招制“敌”。

言语之间，避开对方的痛点

每个人的心里，都有疼痛的一个点，这个点，是自己独有的，人们往往只能在寂寞的时候独自疗伤。面对他人的这个痛点，不管你是出于好心想要安慰，还是出于恶意想要揭对方的老底儿，都必须管好自己的嘴巴，千万不要随意触碰。从需要的角度来说，如果他人想要得到你的安慰，则一定会主动向你倾诉，寻求帮助，相反，如果他人不主动提起，你也最好不要说，因为这一定是他人想要独自疗伤的表现。我们与他人交往，一定要建立在尊重的基础上，唯有更好地尊重他人，才能让交往更深入和亲密。

很多人在气极的情况下，总是口无遮拦地什么都说。在日常生活中，揭老底是人们在情绪激动时常做的事情，殊不知，揭老底实在不是明智之举。所谓揭老底，就是说些他人的短处和痛点，让他人感到难堪和尴尬，如此一来，你必然会伤害他人的情感，让他人不知道如何面对现状。常言道，打人不打脸，骂人不揭短，一旦你不顾一切地揭开他人的老底，他人一定会觉得尴尬难堪，甚至会恼羞成怒，与你大打出手。和他人一样，你一定也有痛点，那么当他人揭开你的痛点时，你会如何？如此想来，你就不会轻易揭他人的老底了吧。所谓感同身受，就是这个道理，古人还曾说，己所不欲，勿施于人，说的也是这个道理。因而，不管我们再怎么生气，也应该避开他人的痛点，这是最基本的底线和原则。

李峰与杜文是从小一起长大的小伙伴，上学时还是初中同学、高中同学。因此，他们关系非常亲密，不管遇到什么为难的事情，都会主动与对方诉说。然而，尽管李峰把杜文当好朋友，却并不是与杜文无话不谈的，对于杜文，李峰始终有所保留，这是为什么呢？原来，杜文几次当着别人的面揭李峰的老底，要知道，这些私密的事情李峰只告诉了杜文，因而导致李峰非常尴尬，也很伤心。渐渐地，李峰就疏远了杜文，从最亲密的哥们儿，变成了普普通通的朋友，而且每次和杜文一起出现在公开场合时，李峰总是提心吊胆，生怕杜文一高兴又开始揭他的老底，让他难堪。

有一次，已经成家立业的他们一起参加高中同学聚会。在酒过三巡时，李峰显然有些喝多了，开始和同学们扯些小时候的事情，正当李峰和大家说得兴致盎然时，杜文突然插嘴道："李峰小时候啊，我最清楚了。我告诉你们，李峰小时候最邋遢了，他整天拖着两条鼻涕虫，哪里有现在的风光呢！他的手，就像是黑煤球一样，我简直怀疑他从来不洗澡，也从不洗脸洗手，难以想象啊，黑煤球如今长大成人却变得这么干净了。"同学们全都哈哈大笑，李峰却觉得非常难堪，他阴沉着脸对杜文说："你知道的这点陈年旧事已经卖了多少遍了，还有价值吗？"看到李峰生气了，同学们都尴尬起来，气氛紧张而又难堪。

原本杜文是想揭李峰的老底，让同学们欢乐开怀的，却不想此时的李峰已然是有头有脸的成功人物，因而小时候的邋遢模样也就成为心底的痛点。既然他已经通过努力树立了成功人士的形象，自然不想再丢面子，因而他对杜文的话很生气，如此一来，大家全都觉得尴尬难堪。杜文呢，这个揭老底的笑话非但没有达到如愿以偿的效果，反而事与愿违，让在场的同学们都很难堪。

通常情况下，只有那些与我们亲近的人才会掌握我们许多的老底儿，也知道我们的痛点所在。光阴荏苒，时光如梭，随着时间的流逝，过去的伤痛早已经淡化，因而，任何时候都不要揭他人的老底，更不要暴露他人的痛点，否则，你就会失去朋友，甚至遭人唾弃。我们都应该努力提升自己的涵养，多多夸赞他人的优点，这样才能让彼此之间的关系更加和谐融洽，亲密无间。

做一个会聊天的人

日常生活中，我们与人交流感情的一个重要方式就是聊天。知己是如何来的？多半都是通过聊天聊出来的，也就是人们常说的闲扯。闲扯带有随意性，但闲扯也有技巧，天南海北地闲扯，不仅不能增进感情，还会让别人觉得无趣。我们如若能从对方的心理出发，说出对方喜欢听的话，给对方带来愉悦的情绪，便能拉近与对方之间的距离。

那么，闲扯有哪些技巧呢？

1.选择合适的话题

在与他人聊天时，话题的选择很重要。一旦话题不对，就难以与对方顺利聊下去，所以，寻找好的话题是顺利聊天的关键所在。

有些人认为，聊天时只有那些不平凡的事才值得谈，因此，朋友见面想开口时，往往满脑子都在苦苦思索，企图找到一些怪诞、惊奇的事件或相当刺激的新闻来当话题。但实际上，我们的生活是朴实的，这类话题毕竟是少数，而且，如果我们每天都与对方谈新闻，那将毫无新鲜感可言。

事实上，我们都是普通人，所关心的问题也比较普通，比如，孩子大了，到哪个学校读书比较好；花卉被虫子咬了，该用什么药；养个什么宠物比较好；猪肉又涨价了；等等。

话题的选择最好能就地取材，依照当时所处的环境选取话题。比如，如果你和对方相遇在朋友家里，不妨与对方聊一聊与主人的关系："听说您和某先生是战友？"这样，无论问得对与不对，都不会引起不愉快。

除此之外，你还可以向对方了解一些他熟悉、感兴趣的话题。如果对方是销售员，你可以问他："你销售什么产品？生意好不好做？"因为这是对方熟悉的话题，所以对方很容易就能开口。如此，你们就能按这条路子聊下去了，可以聊聊产品、行业前景等问题。

总之，只要有了好的话题，就不愁谈不下去了，也就不愁聊天中面临无话可说的尴尬局面了。

2.用热情带动聊天气氛

如果你选择的话题与你长期的经历、追求或者爱好有关，那么你是不难打动你的聊友的。缺少热情的谈话和聊天无疑是枯燥乏味的，也没有人愿意迎合。比如，你在与朋友聊你开车因为超速而被警察发现了，实际上，对方希望听到的不是你的轻描淡写，而是希望听到你当时的感受，希望你能说出你看着警察写罚单时的情况，你将当时的情况描述得越详细，越精彩，就越能吸引听众。

所以，在与人聊某些话题时，你的话语中有多少激情，就会激起多少听众的激情。

3.用兴趣打开交谈的突破口

与人聊天的时候，会出现一些头疼的问题，不管我们说什么，对方都表现出一副不在乎的模样。其实，这是因为，你说的话对方不感兴趣，要想让对方打开话匣子，我们需要从对方的兴趣入手。如果可能的话，你应尽量找出对方最感兴趣的事，然后从这个方面去接近他，倘若没有机会，或这种机会不易得到，也该尽可能选择对方最大的兴趣去聊。我们主要的目的，就是要让对方对你产生兴趣，这样才能让聊天继续下去。

4.不要轻易否定别人

如果你在与别人聊天或交谈时出现了与对方相左的观点，特别是当你想说服对方接受你的观点时，那么你最好不要一上来就否定对方的观点，说他的观点是错误的、荒谬的，否则你一定不会获得你想要的结果。相反，如果你能机智、委婉地说出你的观点，然后将对方引导到其他话题上，从而让他们忘记自己原来的观点——这才是能将话题继续下去的明智之举。

比如，对方在你的面前指责一个你非常熟悉的朋友："他这个人脾气太坏，那次我们一起去谈某项业务，结果与对方负责人没说三句话，就在饭店吵了起来。"你可以问他："哦，是吗？在哪家饭店？"对方回答后，你们不妨就哪些菜比较有特色聊一聊，将话题引开。

5.避开别人的痛处

事实上，每个人都有自己的忌讳，人人也都讨厌别人提及自己的忌讳。我们在与他人聊天或闲扯时，就要避开这类话题，把握分寸，不要伤害到别人的自尊心。

掌握以上聊天技巧，我们就能把话说到对方心里去并产生积极的作用，也就是说，对方会产生愉快的情绪，这样也就愿意与我们亲近了。

妙语连珠，言之有物

好口才是建立在深厚的学识基础之上的，如果失去了这个基础，那么，要想达到口吐莲花的水平恐怕就是缘木求鱼了。准确的表达、幽默机智的应答和缜密的逻辑思维都离不开头脑中广博的知识，换句话说，任何的字字珠玑、妙语连珠只不过是表面性的技巧而已，个人的内涵才是最重要的东西。如果我们只停留在表面技巧的追求上，未免就显得舍本逐末了。

俗话说，十年培养一个富翁，百年的时间才能够培养出来一个贵族。要想成为一个会说话的高手，并不容易，这需要个人长期不懈地努力才能够形成。要想在交际场合游刃有余，应付自如，就应该从平常的一点一滴做起。

因此，我们不妨从以下几个方面来入手：

1.关注生活，加强生活积累

如果生活在封闭的圈子当中，就会孤陋寡闻，与世界隔绝，也会和周围的人以及环境失去联系。一个没有生活积累的人和别人说话的时候往往会因为所谈话题与社会现实脱节而让人感到枯燥无味，别人对他也会失去兴趣。综上，丰富的生活积累有利于人与人之间的交际，所以我们应关注生活点滴，找到更多适合与人交际的话题。

2.注重阅读，增加知识含量

从很大程度上来讲，口才是“满腹经纶”“博古通今”等词的另一种称谓。拥有了丰富的知识，在和别人的谈话中就不会因为无知而自卑，谈吐间就会很自然地引经据典、旁征博引，所表达的内容也会十分高雅。如果胸无点墨，在陌生人面前也好，老朋友面前也罢，只有闷头静听的份儿，也就无法得到别人的关注。因此，在日常生活中，要多注意阅读，注重知识的积累，看一些历史、哲学、文学、政治、美学之类的书，提高一下个人的修养，让自己达到“腹有诗书气自华”的境界。当你有了充足的知识储备之后，就会有充分的底气站在别人面前进行较高层次的谈论了。

3.紧跟时尚，掌握时代的潮流

时尚是一个时期内比较流行的生活方式和文化理念，它以各种物质的形式表现，表达了时下人们的思想认识和价值观念，也体现了绝大部分人的精神需求。假如一个人和时尚脱离，就意味着被时代所抛弃，他也无法在交际生活中和别人产生共同话题。一个不懂时尚的人在和别人交谈的过程中，他所说的内容会因为缺乏时尚元素而显得乏味，他所受到的欢迎程度也必将大大降低。我们要想成为不被别人冷落的人，就要紧跟时尚，比如，了解短时间内所流行的服装款式、电影类型、前沿杂志、热门话题等，这样就能够走在时代的最前沿，不至于被社会大潮抛在后面。紧跟时尚的生活方式和精神状态，不仅能够让你享受到一个特定时期的文化气息，更能让你在交际场合中不至于处在边缘的位置，同时，为你有一个良好的交际圈子打下坚实的基础。

4.关心政治，了解时事

我们处在一个与世界交流越来越频繁的时代里，报刊、电视、互联网传递着世界各地的政治事件和时事新闻。如果连续几天不上网、不看报、不看电视，就会有一种被世界抛弃了的感觉，当别人谈及六方会谈的时候，你只能在一边竖起耳朵稀里糊涂地听着。政治和时事与我们息息相关，如果一个人紧闭房门，两耳不闻窗外事的话，就会显得既缺少知识又没有趣味，会遭到别人下意识地排斥和嘲笑。

我们应该知道，流利的表达，缜密的思维，从容的谈吐，其来源是头脑之中日积月累所形成的广博知识。要想增强自己的表达能力，绝不能去追求技巧上的细枝末节，而是要用知识去武装头脑，提高学识修养。只有从根本上提升了自己，才能够厚积薄发，为自己的谈吐增色。

第 02 章

懂心理，沟通话说得恰到好处

什么是有效而和谐的沟通？那就是把话说得恰到好处，说到对方的心坎上。当然，这需要深谙沟通心理学，通过察言观色，揣摩对方的心理，适时倾听，让对方暴露更多的秘密，这样就可以根据对方的兴趣爱好说出适时适地的话了。

营造氛围，让对方打开话匣子

生活中，我们经常提到沟通一词，所谓沟通，指的是人与人之间、人与群体之间思想与感情传递和反馈的过程，以求思想达成一致和感情的通畅。从沟通的定义中，我们也能看到，沟通一定要是双向的，这样一来一往，才能够算得上是真正成功的交流。为此，我们在与人谈话时，要想获得好的沟通效果，就要营造好的沟通氛围。

我们先来看看下面这个故事：

有这样一个小男孩，他的工作就是替人割草。一天，他叫来他的朋友，给了这位朋友5美元，希望他能打电话给一位老太太。

电话拨通后，男孩的朋友开始按照男孩事先吩咐的顺序问："请问您需不需要割草工？"

老太太回答说："谢谢，不需要，我已经有了割草工。"

"可是，我会帮您额外拔除那些杂草。"

"我的割草工已经做了。"

此时，男孩的朋友还是继续说："我会帮您把草与走道的四周割齐。"

老太太回答："我请的那个割草工也已经做了，他做得很好。谢谢你，我真的不需要新的割草工。"

当听到老太太这样回答后，男孩便暗示朋友可以挂电话了。此时，这位朋友很不解地问男孩："我不明白的是，你明明就是老太太的割草工人，为什么还要打这个电话？"

割草男孩说："我只是想知道老太太对我工作的评价。"

这个故事的寓意是：沟通是必要的，我们只有打开双方的话匣子，勤与客户、老板或上级领导沟通，才有可能知道自己的长处与短处，才能够了解自己的处境。

事实上，真正有效的沟通一定是互动的，而这个互动可以利用当时的环境特点来帮助自己实现。

然而，与人沟通的过程中，总是有些人，似乎并不领我们的情，无论我们怎么鼓励，他们似乎都羞于表达，甚至面无表情，在他们的语言词典里，似乎就只有"是"与"不是"，或者"行"与"不行"，让人觉得无法与其交谈，让交谈显得尴尬。其实，只要我们懂得运用心理技巧，就能够在无形之中慢慢增添几分说话的自信心，找到打开话匣子的钥匙，从而赢得别人的尊重与友谊。

其实，这还是因为我们没有营造出好的氛围，为此，我们可以从以下几个方面努力：

1.摆脱陌生人情结

如果对方不爱说话，且是陌生人，那么，你不需要特意装模作样，不过也要表现出你的诚意，其实每个人跟陌生人交谈时内心都会不安，因此，我们自己一定要先放下陌生人情结。这样，与之交谈的时候，才会显得随意轻松，在谈话时要关注对方的表现，如果对方不感兴趣，就得停住你谈的话题了。

2.拉近关系，更易打开话匣

我们与人沟通前，不妨学一学“套关系”的技巧，拉近彼此间的关系，交流起来就会顺利得多。这里“套”的“关系”，可以是朋友、可以是同学，可以是共同参加过某个会议，可以是都曾去过某个地方……总之，只要是可能拉近与对方关系的内容都可以。但是，我们还需要注意的是，千万不能提及对方不想提及的内容或者是对方不感兴趣的话题。

3.重视对方说的每一句话

那些说话妄自尊大，小看别人的人总会引起别人的反感，最终在交往中使自己走到孤立无援的地步。与人沟通，目的在于交流意见、达成共识，只有重视对方说的每一句话，才能同样赢得尊重。

4.懂得倾听，并适时反馈

沟通的过程，并不完全是说的过程。我们有说的权利，但每个人都希望被倾听，这是一种自我价值的认定，而我们的反馈则是倾听的最好证明，因此，只有满足对方说的欲望，才会让人对你产生亲近的愿望。

总之，与人沟通的过程中，让对方多说话，是营造沟通氛围的重要方式，这并不会让我们丧失交流的机会，反而会有助于我们达到沟通目的。

选择合适的话题，让沟通更顺畅

很多人都想找到沟通的突破口，却总是不得法，实际上，一切事情都只有从根源着手，才能最大限度地解决问题。沟通，也是如此，我们只有从心理上说服他人，才能让他人更加愉悦地与我们交流，进而彼此敞开心扉，毫无隔阂。可以说，心理上的突破口，是人们彼此之间敞开心扉沟通的大门，尤其是在现代社会，人们几乎每天都要与他人交流，而交流的主要方式就是语言的沟通。如果你顺畅自如地与他人谈话，彼此之间毫无隔阂，你的人缘也必定越来越好，良好的人际关系不但能够让你的生活更加便利，也会让你的事业如鱼得水。

需要注意的是，良好的沟通应该从浓厚的兴趣开始。要想使他人对你的话题感兴趣，你的话题就必须能够引起他人的兴趣。倘若你刚刚提出一个话题，就被对方毫不犹豫地否决，那你必然很尴尬。如果思维敏捷，还可以马上转移话题，进行新的尝试，但是如果思维迟钝，则只能尴尬面对，甚至是无言以对。由此可见，选择话题是非常重要的，这就像一个写文章的人必须写出一个精彩的开头才能吸引读者继续看下去。

意大利著名的科学家——伽利略曾经在年轻时被父亲强迫学医。在他刚刚17岁时，父亲就不由分说地把他送到比萨大学的医学院学习。然而，伽利略对医学并不感兴趣，而是对科学情有独钟，他在听到静力学和力学之后，突然就爱上了与此相关的科学。然而，他也知道父亲是非常执拗的，如果直截了当地提出不愿意学习医学的想法，一定会遭到父亲的拒绝。为此，他思来想去，终于找到了一个成功率比较高的说服方法。

在假日的一天，伽利略走进书房问父亲："父亲，您与母亲为什么结婚？"父亲抬起头，把视线转向儿子，说："我爱她。"伽利略又问："那么，在母亲之后，您还曾经爱过别的女人吗？"父亲连连摇头，说："怎么可能呢？我对你母亲一见钟情，看到她的那一刻，我就决心要娶她为妻。”伽利略以羡慕的口吻说：“难怪，您与母亲一生之中都恩恩爱爱，从未争吵过，婚姻也幸福和谐。”父亲笑着说：“你这孩子，观察还挺细致。”伽利略随即话锋一转，说：“现在，我也和您当年一样一见钟情了。”父亲听了之后惊喜地问道：“一见钟情？难道你有心仪的姑娘了吗？快说给我听听！”伽利略为难地说：“我对科学的喜爱，就像您当初对母亲一见倾心一样，再也不会爱上其他的女人。父亲，我虽然年纪轻轻，但是我并不沉迷于爱情，我也不会三心二意，经常改变心意。相反，我只想与科学终生为伴，在科学的道路上勇攀高峰。”听了伽利略的话，父亲陷入沉吟，伽利略继续说：“父亲，您很有才华，家庭生活也美满幸福。我呢，继承了您的优点，我想要在学术的道路上有所建树。我想，我不会增加您的负担，我愿意去申请宫廷的奖学金。如果有一天，您能骄傲地告诉别人您是科学家伽利略的父亲，我想您一定会倍感荣光……”父亲点点头，说：“你说得有道理，我愿意去帮你申请宫廷奖学金，帮助你实现梦想。”伽利略激动地向父亲保证：“父亲，我一定会成为一个让您骄傲的科学家。”

在这个事例中，原本父亲只想让伽利略学医，但是伽利略首先从父亲一生引以为傲的爱情说起，让父亲饶有兴致地听他说下去。接下来，他才从父亲对母亲的一见钟情过渡到自己对科学的沉迷，从而成功打动父亲，令其改变心意，支持他学习科学，在科学领域里继续深造。由此可见，再固执己见的人，也会有自己感兴趣的话题。在说服他们时，倘若我们能从他们最感兴趣的话题说起，再逐渐过渡到我们真正想说的话题，那么说服成功的概率就会大大增加。

当然，选好话题不仅要从对方得意的事情、感兴趣的事情说起，也可以从对方关心的事情说起。总而言之，我们的目的是要吸引对方的注意力，从而成功帮助我们更好地叙述自己想说的话。只要能够让交谈和谐愉悦，让对方满怀兴致地听你诉说的，就都是好话题，最佳话题，这一点，我们必须用心琢磨，才能渐渐地有更准确的把握。

言语委婉表达，避开争执

生活中有很多强势的人，他们不管说话还是做事，总是要按照自己的心意，最大限度地占尽优势，才能罢休。这种人从表面看来不管怎样都要占便宜，实际上他们却吃了大亏，因为他们的强势决定了他们的人缘很差，也没有多少朋友。大家都知道，现代社会中，多个朋友多条路，很多情况下人脉资源比一切都更重要。因而，如果缺乏朋友，就会导致我们寸步难行，既然如此，我们为何要与人针尖对麦芒呢？其实，口头上占便宜，对我们的生活和工作不会有任何有利的影响，如果同样一句话用委婉曲折的方式表达出来效果会更好，那么，我们就不应该为了逞一时的口舌之快，而故意与他人争执不休。

很多人都知道以柔克刚，也知道要用温柔来战胜刚强，却不知道说话时也应该遵循柔道术，这样才能不动干戈就如愿以偿。从心理学的角度来说，人们更倾向于同情弱者，因而也会更多地照顾弱者，同时，人们虽然膜拜强者，却也会有以硬碰硬的心态。不管从哪个角度来说，以柔克刚都算得上是一种攻心术，能够帮助我们以柔弱的形象示人，却得到最好的结果。要知道，每个人的心中都有最柔软的地方，所谓百炼钢也成绕指柔，就是要打动他人心中最柔软的所在。

在美国金融危机期间，找工作很难，琳达在大学毕业半年之后，才终于找到了一份在珠宝店销售珠宝的工作。因为按照规定必须经过三个月试用期才能转正，所以琳达每天都战战兢兢地工作，只怕自己不够勤勉。

快到新年的时候，珠宝店的生意比平时忙碌得多，因而，琳达每天主动提早到店里，赶在大家都上班之前打扫卫生。有一天早晨，因为地上都是积雪，琳达比平日更早地离开家，一路磕磕绊绊，摔了好几跤才到店里。她依然是最早的。打开店门后，她赶紧拿起工具打扫卫生，等到她忙完这一切，同事们却因为道路泥泞，还没赶到。琳达百无聊赖，开始拿出柜台里的戒指整理和擦拭，这时，一个中年男子推开门走了进来。他看起来很糟糕，面色浮肿，穿着破破烂烂的衣服，身上满是肮脏的气息，最可怕的是，他满脸都是愤怒，仿佛整个世界都欠着他什么没还一样。琳达心中升起一股不好的预感，然而她既不能喊叫，也不能拒绝。当男子瓮声瓮气地让琳达拿戒指给他看时，琳达乖乖地就拿了，而且面带笑容，就像对待其他客户那样。男子贪婪地看着琳达拿出来的一盒戒指，一共有八枚，就在这时，电话铃突然响起，琳达着急接电话，居然不小心打翻了戒指盒，八枚戒指都滚落到地上。琳达心慌意乱地蹲在地上捡戒指，然而，数来数去，她只找到了七枚戒指。这时，心急如焚的琳达突然看到那名男子正在朝门口走去，因而她情急之中温柔地喊道："先生，抱歉！"男子转身看着琳达，眼睛里是歇斯底里的光。琳达很害怕，但是依然温柔地说："先生，你知道，我找了半年才找到这份工作。现在找工作很难，你知道的，对不对？"琳达的眼睛里满是恳求，"我的妈妈一个人辛苦地抚养我长大，我……”男子脸上的表情缓和了，眼睛里居然流露出一丝笑意，他说：“是的，金融危机太糟糕了，几乎一半的人在失业，不过，我相信你在工作上一定表现良好！”说着，男子伸出手，琳达也马上伸出双手，同男子的手紧紧地握在一起。等到男子告辞之后，琳达握着手心里的第八枚戒指，回到柜台，物归原处。

如果琳达激动之余指责男子，或者与男子扭打起来，事情的结局将不可预料。她只是一个柔弱的女孩子，而且孤身一人在店里，琳达只有以柔克刚，请求男子不要带着第八枚戒指离开，而且她采取了非常隐晦的方式，只是诉说了自己的苦楚。最终，琳达的柔弱感动了男子，他选择成全琳达的工作。这件事情最终的结果不可谓不完满，这一切都归功于琳达机智的处理方式。其实，琳达并没有证实男子的确拿了戒指，而男子也可以矢口否认，但是这样一来琳达费尽千辛万苦找到的工作必然保不住，她甚至要承担赔偿的责任。就是因为琳达以弱势的形象向男子求情，才能最终让问题得以完满解决。

人，常常都是吃软不吃硬的，尤其是对于性格强势的人而言，他们根本不怕硬碰硬，却害怕他人表现出孤苦无依的样子，这样他们一定会心软。很多人表面看起来非常强硬，其实内心柔软善良，在与这样的人打交道时，我们一定要避开针尖对麦芒的方式，采取委婉曲折的说话方式与他们交流。

提对问题，让对方乐于回答

在与他人交谈时，我们常常觉得艰难晦涩，似乎总也找不到顺畅自如的感觉，这是为什么呢？很多情况下，或许是你的话题选择得不好，也或许是你在与人交谈的过程中提问的方式有问题。很多人觉得提问时只要以提问的口吻说出一些问题即可，实际上，要想让交谈变得引人入胜，提问是有技巧的。例如，提问时最好采取开放式提问的方式，和封闭式提问的答案只能选择相比，开放式提问给他人更大的空间思考和回答问题。提问，问题应该具体，而不要空泛，只有问题具体，他人才更好回答，例如，如果你问一个人：“今天感觉如何？”对方很难找到一个准确的切入点进行回答。倘若你改变方式，问：“今天，你工作还顺利吗？”这样的问题，对方就很容易回答，既可以说说工作上的心得体会，也可以说说工作过程中让人高兴的人和事。此外，提问时，还应该问一些对方擅长领域的问题，或者是对方感兴趣的话题，也可以问问与对方有关的事情，这样对方一定会兴致盎然地说个不停。总而言之，提问题的技巧并没有绝对的规定，必须依靠我们在与人交往的过程中不断摸索和总结。只要你能够恰到好处地提问，他人一定会乐于回答，且能够传达给你很多有意义的信息。

作为一名保险推销员，安达一直想把自己的保险推销给一家大企业的老板。然而，这个老板明确表示对保险产品不感兴趣，因此几次把安达拒之门外。如何才能啃下这块硬骨头呢？安达显然不想放弃，他必须要多动点儿心思。

有一天，安达无意间看到关于这个老板的一篇访谈，得知这个老板很喜欢攀岩，为此，安达决定从攀岩入手，找到与老板的共鸣。一个周五的下午，安达再次敲开老板的办公室，在老板还没来得及下达逐客令时，安达拿出了一副攀岩的工具。看到攀岩工具，老板眼睛瞬间亮了，他问安达：“你也喜欢攀岩？”安达点点头，展示了自己胳膊上强壮的肌肉，说：“看吧，这就是攀岩的成果，当然，也有伤痛。”说着，安达还展示了自己腿上的累累伤痕，老板的语气明显缓和下来，开始与安达进行客套的交流。安达问：“听说，你曾经在业余的攀岩比赛上获得过冠军呢！”老板听到安达提起他的得意之事，立刻变得神采飞扬，说：“当然啊！你是怎么知道的？”安达笑了，说：“您在业余攀岩界大名鼎鼎，谁人不知道您的大名呢！您简直太神奇了，很多大老板都疏于运动，没想到您会从事如此高难度的项目。”老板得意扬扬地说：“金钱重要，生命更重要。既然生命在于运动，我当然应该选择不停地运动。”安达羡慕地说：“您能说说当时获得冠军的经历吗？很多朋友听说我认识您，都想要得到您的签名呢！”接下来的一个多小时里，老板一直在滔滔不绝地讲述自己的攀岩之路，安达呢，则一直全神贯注地听着，时不时地点头表示赞许，有时还会给老板竖起大拇指。要告辞的时候，安达才把那副攀岩专用工具送给老板，并且把工具上专业攀岩冠军的签名指给老板看，这份礼物，简直深得老板的心，因此老板连连感谢。

随后的几个月里，安达经常以学习者的形象跟随老板一起去攀岩，日久天长的相处，让老板越来越信任安达。最终，他不但从安达手中购买了私人的保险，还把整个公司的职工保险也交给了安达去做。

在与老板交流的过程中，安达显然掌握了提问题的技巧。虽然人们常说好汉不提当年勇，但是现实生活中的很多好汉都希望说说自己曾经的传奇经历，以得到他人的认可和赞赏，老板虽然位高权重、腰缠万贯，但是也难以逃脱这个规律。安达的提问非常巧妙，不但问起了老板曾经获得攀岩冠军的经历，而且让老板详细讲述当时的英勇壮举，从而极大地满足了老板的自尊心和自信心。

提问的技巧，说一千道一万，归根结底可以归结为四个字，即“投其所好”。只有把问题问到对方的心坎里，对方才能乐于回答，才能心甘情愿地发表长篇大论。在这一来一往的问答中，交谈的人彼此之间一定能够加深了解，令沟通更加顺畅自如。

随意打断对方的话很不礼貌

尊重他人有很多细致入微的表现，其中对于交谈最重要的一条就是不要打断他人说话。在交谈过程中，总有些人不管他人在说什么，只要自己兴之所至，就马上插话，这会让人觉得很不舒服。记得小时候，爸爸妈妈和老师都教我们要仔细聆听他人说话，不要随意打断他人说话，然而，时光流转，几十年后的今天，我们依然要老生常谈，再次重申这个问题。

打断他人说话本身就是很不礼貌的行为，除非是不得已的情况，即使我们想要表达什么，也应该耐下心来认真听对方把话说完。从尊重对方的角度来说，不打断对方说话是基本的礼貌，从我们自身的角度来说，只有认真听对方把话说完，我们才能最大限度地了解对方，从而帮助自己更好地进行谈话。有些人不但打断他人说话，还会随意发表自己的言论，如此一来，更让对方感到不被尊重，在这种情况下，对方又怎么会与你愉快地交流呢！

虽然李鹏品学兼优，但是老师就是不喜欢他，这是为什么呢？原来，李鹏思维敏捷，却也因此而有一个坏毛病，即总是喜欢随意打断老师的话，并且自以为是地插话。在课堂上，当其他同学都聚精会神听讲时，李鹏却手也不举，就质问老师："老师，这个题目不应该这么解答吧？"刚开始时，老师觉得他勤学好问，还经常表扬他，但是随着他的这个毛病愈演愈烈，老师越来越反感他。很多时候，老师正在按照自己的思路聚精会神地讲课，就突然被他强行打断了，因而不得不缓冲一下思维再重新来过，以至于课堂任务常常不能按时完成。

这不，前几天老师正在讲读一篇作文，正当老师绘声绘色地为同学们朗读时，李鹏突然喊道："老师，这篇作文里说的不对……"老师对李鹏怒目而视，李鹏却毫无觉察，继续喋喋不休。如此，老师见到李鹏都怕了，每次上课前都要再三强调同学们不许随意打断老师讲话，更不能随随便便地插话。

当你随意打断他人讲话，并且在不明就里的情况下就随便插话时，你的发言一定含金量很低，甚至会收到事与愿违的效果。通常情况下，打断他人说话且随意插话的人，一定是缺乏耐心的人，也因此会闹出很多乌龙笑话。谁让中国文字博大精深呢，既有正叙，也有倒叙，还时常会有正话反说的情况，因此，不等到了解所有情况就盲目作出评判，一定是缺乏理智的愚蠢行为。

当你能够耐心听完他人的发言时，你就会发现很多事情其实并非你想当然的那样，而且，在沉下心来倾听他人讲述的过程中，你也会拥有平和的心境。由此可见，打断他人说话和随意插话，不但是不尊重他人的表现，也会让自己的心变得更加浮躁。只有潜心下来，耐心地听完他人的表达，再经过仔细思考，我们才能表达自己的思想和观点。人与人之间的彼此尊重，很多时候都体现在不引人注意的小节上，从今天起，我们只有更加注重提升自己的涵养，才能成为一个受欢迎的人。

面对冷场，没话找好话说

在与他人交流的过程中，显而易见，最尴尬的事情就是突然间冷场，彼此相对无言。这种无话可说的沉默，最让人觉得尴尬和难堪，对于此情此景，是让沉默和尴尬继续下去，还是赶紧想办法打破沉默，没话找话说呢？作为社交高手，你当然知道应该没话找话说，只有打破难堪的沉默，才能让谈话氛围渐渐被调动起来，变得热烈而又真诚。

从某种角度来说，没话找话说是一种艺术，很多喜欢搭讪和聊天的人都喜欢没话找话说，而真正善于聊天的人则非常擅长没话找话说。这两者有着本质的区别，喜欢没话找话说的人不一定能成功打破尴尬的沉默，擅长没话找话说的人即使在难堪的沉默中，也能成功调动大家的谈兴，让大家兴致盎然地交谈。

实际上，没话找话说是有技巧的，在对方逐渐冷却的谈兴面前，你必须找到最佳的话题，才能成功激起对方的谈兴。否则，虽然你万分努力，而对方却不以为然，甚至对你费尽心思才找到的话题充耳不闻，岂不尴尬？不可否认的是，任何交谈都要以话题为媒介，如果没有合适的话题，即使再健谈的人，也无法让谈话气氛热烈地进行下去。既然是交谈，就必须至少有双方存在，因而，我们只有勾起对方的谈兴，才能调动谈话的氛围，让谈话更加热烈，让参与交谈的人更加真诚和投入。

通常情况下，最新的热点话题是比较保险的交谈选择，这是因为最新的热点问题通常不涉及具体的人和事，因而无须担心会招致对方不悦。此外，实时话题也是可以信手拈来的，作为现代社会的知识青年，大家一定都很关心时事新闻，也会及时了解各种国家大事。当然，这是从广阔的角度来看，如果从个人的角度出发，倘若你足够了解对方，则说些对方感兴趣的人和事也是不错的选择。每个人都有自己的兴趣所在，当你投其所好，向对方伸出橄榄枝时，对方也一定会马上作出回应，甚至热烈响应。总而言之，面对冷场所提出的话题，一定要竭力避免封闭性，否则，当话题再次短路时，等待着我们的将会是更加尴尬的沉默。

这次相亲，夏夏根本不想来，是妈妈逼着她来的。妈妈每天面对已经32岁的夏夏时，简直心急如焚，生怕夏夏变成没人要的老姑娘。实际上，夏夏只是一直没有遇到合适的人而已，她早就暗暗下定决心，只要心目中的白马王子出现，她一定立马就把自己嫁出去。

周日早晨十点钟，夏夏准时出现在约定的咖啡厅，早晨喝咖啡，这似乎有些别扭，毕竟这是个应该睡懒觉的上午。当夏夏接近那个预定的座位时，远远地就看到一个英俊帅气的面孔，她不由得在心里暗暗祈祷：“希望他有1.8米高，能够搭配得上我的身高。”此时此刻，夏夏早已忘记自己是被妈妈逼着来的事实，只一味地祈求这个看起来很有眼缘的男性是她的真命天子。果然，走到近处时，夏夏看到了对方的大长腿，心中不由得暗暗吁了口气：嗯，就凭这双大长腿，一定也是个高大帅气的美男子。看到夏夏来了，那位男士站起身来表示迎接，哇塞，足足比一米七的夏夏高了大半个头，看来至少1.85米以上。终于遇到了这个看起来很合眼缘的人，原本性格活泼就像男孩子一样的夏夏突然间沉默了，而且满脸通红，哈哈，她居然害羞了。

看到夏夏的样子，男士也有些尴尬，过了足足有1分钟，他才问夏夏："你想喝点儿什么？"夏夏头也不抬，说："卡布奇诺。"男士喊来服务员，为夏夏点了一杯卡布奇诺，还体贴地点了一块巧克力慕斯。夏夏惊讶地问："你怎么知道我喜欢吃巧克力？"男士笑了，说："你和我妹妹一样喜欢喝卡布奇诺，所以我想你也许和她一样喜欢吃巧克力慕斯。这家咖啡店的慕斯很好吃，你应该会喜欢。"夏夏问："你还有个妹妹，她多大了？"看得出来，男士平日里一定很疼爱妹妹，因为他开始滔滔不绝地讲述关于妹妹的很多事情。夏夏听完他的讲述，不由得笑起来："你一定是个好哥哥。"男士笑了，说："我相信凭着我和妹妹相处的经验，我也会是一个称职的男朋友。""那可不一定，能够满足妹妹的疼爱，未必能让女朋友也满意。""当然，但是对女朋友一定要有对妹妹的疼爱。你呢，你有兄弟姐妹吗？"就这样，话题从卡布奇诺到男士的妹妹再到夏夏的情况，非常自然，他们相谈甚欢。分别时，他们彼此留下了联系方式，并且约定下个周日老时间依然在咖啡馆见。

相亲，对于从未有过这种经历的人而言，一定觉得非常尴尬的，尤其是当两个原本陌生的人都很不健谈，甚至不知道应该说些什么的时候，那种难堪的沉默简直让人心跳加速，不知如何是好。然而，只要其中有一方能够没话找话说，提出一些恰到好处的能够激起对方谈兴的话题，尴尬的沉默马上就会结束，甚至会让彼此都相见恨晚，谈到分手时依然意犹未尽。

现实生活中，我们经常需要面对这样的沉默，或者是陌生的，或者是尴尬的，总之不是那么让人愉快的。我们唯有掌握没话找话说的技巧，成功打破沉默，才能让这一切都迎刃而解，才能帮助彼此顺畅地交流。

第03章

懂心理，赞美话说得动人心扉

赞美，是人们发自内心的对于自身所支持的事物表示肯定的一种表达。日常交际中，恰如其分的赞美可以使人们更好地与同事、朋友交往，从而增进同事情、朋友情。一个善于赞美的人往往能够做到见什么人说什么话，根据每个人的特点说出符合实际的“恭维话”。

第三者的赞美，绝妙的恭维

现代社会，不管是父母对待孩子，还是成人之间的彼此交往，人们都更加重视赞美的重要作用。因而，与以往的不好意思直接赞美他人相比，现在越来越多的人把赞美挂在嘴边，动不动就赞美他人。虽然慷慨的赞美有利于人际关系的提升，但是泛滥的赞美则往往会事与愿违，导致一切事情都变了味道。很多人在听到他人频繁的当面赞美时，总觉得这份赞美是虚情假意的，因而，他们非但不感激他人的赞美，反而对他人心生抵触，甚至产生戒备心理。在这种情况下，慷慨地给予他人赞美已经不是当务之急，最要紧的是如何采取最恰到好处的方式，才不至于让赞美适得其反。只要用心、细心，赞美还是有很多办法让他人相信的，例如，对于初次见面的陌生人，我们应该赞美其显而易见的优点；对于熟悉的人，我们应该赞美他们不为人注意的地方；对于虚荣心强的人，我们可以当着他人的面给予赞美；对于低调内敛的人，大张旗鼓的赞美往往使其感到不适，唯有真诚的发自内心的赞美，才能让他感受到你的用心……在诸多方法中，最好的赞美方式就是背后赞美。何为背后赞美呢？顾名思义，就是在被赞美者不在场的情况下，真诚地当着他人的面赞美他们。要知道，和容易让人误以为动机不纯、涉嫌拍马溜须的当面赞美不同，背后赞美时，被赞美者并不在场，因此不会涉嫌别有用心。也是从这个角度出发，恰恰证明了背后赞美一定是发自内心的，否则谁会在当事人不在场的情况下拍马屁呢！由此一来，背后赞美便成了真诚赞美的象征，一句背后的赞美，往往抵得上一百句当面的赞美。因而，聪明人一定会使用背后赞美的方法，给予他人真诚的赞美，从而实现自己打动他人的愿望。也因此，当他人从第三者口中听说你对他的背后赞美时，一定会对你刮目相看，甚至会消除曾经对你的误解，与你化干戈为玉帛。

单蕾是个应届大学毕业生，毕业后就进入了现在的这家公司工作，因为不懂得人情世故也不明白职场的很多潜规则，没少得罪人。这不，前段时间上司因为单蕾负责的一项工作没做好，就大发雷霆，当着办公室所有同事的面训斥单蕾。单蕾从小在父母无微不至的呵护下长大，哪里受过这个气啊，因而当场与上司顶撞起来，弄得上司也非常难堪，为此，上司生气地愤然离去，不愿意再与单蕾沟通。

事后，学姐知道了这件事，狠狠地批评了单蕾一顿，说："你这个黄毛丫头，初出茅庐，哪里懂得职场上的艰难啊！难道你以为上司也会像你的父母那样宠爱着你吗？别做梦了！对于上司，总归是应该尊重的，上司训斥你你还觉得丢脸，那么你当着那么多人的面顶撞上司，不买上司的账，难道上司不觉得丢人吗？如果不想办法尽快缓和关系，现在还只是冷落你，过段时间就该找个理由辞退你啦！"听了学姐的话，单蕾这才意识到问题的严重性。然而，让她直接找上司道歉和低头，她可不甘心也不好意思，如何才能既向上司示好，又保全自己的面子呢？思来想去，单蕾想出了一个好办法。

有天中午吃饭，单蕾特意凑到马凯身边，与马凯同坐一张桌子。原来，马凯是上司的心腹，上司不但工作上器重马凯，私底下也与马凯私交甚好。单蕾一边吃饭，一边漫不经心地谈起自己工作以来的感触，她不露痕迹地说：“马凯，你最喜欢办公室里的谁呢？”马凯笑而不语，说：“你呢？”单蕾逮住机会赶紧说：“我最喜欢张主管，虽然他是我们的顶头上司，而且对我们要求严格，但是在他的管理下，我觉得自己进步神速呢！最重要的是，张主管特别宽宏大量。上次，我在办公室里公然与张主管顶撞，原本以为自己一定死定了，肯定会被开除，不想，这都半个月了，张主管对我一如往昔，还是经常点拨我，帮助我，要不是张主管宽容，只怕我现在又在四处找工作了呢！”马凯笑着说：“当上司也不容易，我们要与主管互相体谅啊！”事后，马凯在与张主管聊天时，自然而然地说出了单蕾的这番话，张主管笑着说：“这个小丫头，还算是有良心，心思也挺细腻。”

不得不说，单蕾还是非常聪明的。她既不好意思直接找张主管道歉，又担心自己的工作不保，因而就想出了这个两全其美的好办法，既背后赞美了张主管，收到了良好的效果，又保住了自己的工作，还有可能得到心中释然的张主管的特殊优待，简直好处多多。

任何时候，背后赞美他人的效果都是显著的，它比当面的恭维显得更真诚，也更容易让人信服。尤其是在职场上与上司相处时，当面的赞美很可能被当成是曲意逢迎、阿谀奉承，但是背后赞美则不存在这个问题。当有朝一日你的赞美传到上司耳朵里时，你一定会在上司心目中留下好印象，此时，即使你与上司此前有什么不愉快，也会烟消云散。

精准的赞美，合乎人的心理

美国历史上第一个年薪过百万的管理人员叫史考伯，他是美国钢铁公司总经理。记者曾问他："你的老板为什么愿意一年付你超过100万美元的薪金，你到底有什么本事？"史考伯回答："我对钢铁懂得并不多，我最大的本事是我能使员工鼓舞起来。而鼓舞员工的最好方法，就是表现真诚的赞赏和鼓励。"把话说白了，就是史考伯年薪过百万是因为他善于赞美他人。每一个人都渴望自己受到别人的赞美，希望自己的价值得到认可，这主要是源于其自尊心和虚荣心，而赞美是一种说话的艺术，合乎人们的心理，精准的赞美言辞会使人感到开心和快乐。在日常交际中，渴望获得赞美的人不计其数，因此，赞美的言辞不可或缺，事实上，我们可以通过赞美的言辞来影响他人心理，满足其自尊心和虚荣心，最终赢得对方的好感与信任。

卡耐基曾说："当我们想改变别人时，为什么不用赞美来代替责备呢？纵然部属只有一点点进步，我们也应该赞美他。因为，那才能激励别人不断地改进自己。"赞美，不仅满足了对方的心理需求，还能够增强对方的自信心，促使对方不断地取得进步。生活中是不能缺少赞美之词的，有了赞美才有了愉悦的心情，才能与他人建立和谐友好的人际关系。我们不仅要学会赞美，而且要不吝于赞美，每个人都有闪光点，当我们发现了对方的优点之时，就要大方开口赞美，不能吝于赞美。

那么，什么样的赞美言辞才能够有效地影响他人心理呢？

1.赞美对方不为人知的优点

即使再差的人，在其身上也有那么一两处不为人知的优点，这时候我们可以巧妙地利用。比如，“你的这件礼服真漂亮”“你的发型真好看”“你这身打扮真有气质”，这样的赞美会使对方感到高兴。

2.赞美要具体而微

在日常交际中，我们要善于发现对方的细微之处，并不失时机地予以赞美，这时候赞美言辞用得越具体就越有效果，比如，“认识你这么久了，还不知道你的厨艺那么棒”。

3.赞美要有新意

赞美的言辞不能千篇一律，要有新意，一般而言，一些突出个性、有特点的赞美会收到更好的效果。比如，爱因斯坦这样赞美比利时的王后：“您演奏得太好了！说真的，您完全可以不要王后这个职业。”

赞美他人也要把握“火候”

在人际沟通中，恰如其分地赞美对方，能创造一种热情友好的气氛，能使彼此的心情更加愉悦舒畅，但赞美也是一把两面有刃的利剑，它能增进人际关系，也能破坏人际关系。生活中的人们，若想让赞美起到应有的作用，就必须懂得一个道理——赞美要把握度，过分赞美有“毒”。

然而，我们发现，有不少人，他们不谙赞美的艺术，在赞美别人时，不管大事小事都滔滔不绝，乱说一通，总怕自己的赞美太少，不能满足别人，时间长了，大家都觉他是个“老好人”，他赞美与否已没有多大意义。因此，我们要注意赞美的火候，千万不可过，赞美别人，不要刻意堆砌一些不适当的敬语。

美国心理学家曾经作过一个专业调查：

研究者来到美国街头，主动与过往的女性搭讪，并且赞美她们漂亮，堪称闭月羞花，沉鱼落雁。其中一些相貌漂亮、打扮时尚的女性听完后露出了开心的笑容，而一些打扮不入时、长相一般或者丑陋的女性在听完后则显得尴尬，一些人则对研究者投来了厌恶的目光，更有甚者，还骂出“神经病”。

原本是赞美别人的话，为什么有人听了会难堪，会生气呢？美国著名心理学家威廉·詹姆士说：“人类本性上最深的企图之一是期望被赞美、钦佩、尊重。”渴望赞扬是每一个人内心中的一种基本愿望。但是，大多数情况下，赞美之词恰到好处，才能让对方觉得他的价值得到了肯定和认可，得到了应有的尊重，相反，赞美之词说得过于夸大，无异于是在否定对方。

在我们的现实生活中，因为赞美的话说的不合适而招人讨厌的例子比比皆是。有一个朋友长得很像一位著名演员，很多时候，初次见面的朋友都会对他说：“你长得真像电影明星！”通常，说某人很像名演员，是一种恭维之词，被称赞的人应该会很高兴，但这位朋友很郁闷，因为别人的赞美根本不得法，那位电影明星所扮演的都是反面角色，说他酷似那位电影明星，这哪里是在赞美，分明是在讽刺他！因此，在日常交际中，我们应利用“镜子原理”来赞美别人，这能够达到取悦对方的目的，通过恰当的赞美来影响其心理，操控其言行。

那么，我们该怎样掌握赞美的火候问题呢？

1.赞美的话要适度

并不是赞美的话说得越动听，越能让他人高兴，越能留下好印象。

相反，如果你的赞美说得恰到好处，往往比一些空话套话要实用得多。比如，你朋友的演讲很成功，你可以说情感表达很合适，逻辑思维很清晰，让人有耳目一新的感觉。

2.把握最佳的赞美时机

这就要求我们对周围人的优点和特点等要多观察，尽可能地随时随地去发现。如果你能及时发现，就要抓住时机，当时赞美，当众赞美。比如，如果你碰巧发现了你的同事无意中完成的工作帮助大家渡过了某个难关，你就可以当着大家的面把这件事说出来："你们知道吗，这次要不是小王，我们可能都要受罚了……"

3.在词语运用上要留有余地，不要走极端

比如，我们要慎用有绝对化倾向的修饰语，如"最""一定""全部"等。

4.勿与权威画等号

在每个行业都有相应的权威人士，比如，文学领域里的茅盾、鲁迅，艺术领域里的梵高、贝多芬等。如果你夸奖一个人的文章写得好，说他堪比鲁迅，胜过茅盾，这无疑是狠狠地抽了对方一记耳光。

5.力争是第一次发现

你所发现的对方的特色、潜能、优势最好是别人谁也没有发现，甚至是他自己也没有发现的内容，你的赞扬会令他恍然大悟，瞬间增强自信，从而对你产生好感。比如，某位女同事相貌不好，你不知道怎么赞美她，但她有个听话的女儿，你可以这样说："你说说你是怎么教育孩子的，我怎么就教不出这么懂事的女儿呢？"

可见，赞美他人作为一种沟通技巧，不是随口说几句好听的恭维话就可以奏效的，“出口乱赞”，其结果只会适得其反。同时，对他人的赞扬也不能太过火，只有适度的赞扬才会使人心情舒畅，否则就会使人感到难堪、反感或觉得你在拍马屁。

有效的赞美要适人适时

人际交往与沟通中，我们常常使用赞美的语言，适当地赞美能取悦人心，如果你对他人说出赞美的话，并且能恰如其分，对方一定会十分高兴。赞美对人际沟通、维系良好关系会产生重要的作用，它不仅是调整心灵的润滑剂，让别人听了舒服之余，还有助于增进彼此的关系。所以，如何适当地恭维他人，也是与人沟通的重要课题。

当然，赞美别人，不是廉价的吹捧，不是无原则的“你好我好大家好”，不是投其所好的精神按摩，更不是包藏祸心的精神贿赂。赞美是有原则的，其中重要的一点就是：赞美也要分时、分人。

具体来说：

第一，分时。

常言道：“语言是衡量沟通双方心理距离的尺度。”令人感到不舒服的赞美之言语，不仅会在无形中拉开彼此的距离，更有防范他人侵犯的意味。因此，我们要想让赞美达到良好的效果，就要注意根据双方关系的亲疏远近、分时段地赞美，这样才能拉近彼此间的关系。

1.如果彼此是初次见面或是关系一般，赞美之言最好点到为止

赞扬对方时，如果关系不是那么深，还没有融入彼此的圈子，你的赞

美之言能传达你的心意即可。对于“你真是太好啦”或者“我对你的佩服如滔滔江水连绵不绝”之类的话，恐怕没有什么人会认为你真的是对他们充满了善意吧！

2.随着关系的深入，可适当采用随意的赞美之语

比如，对于你的一个女性朋友，你可以随时随地地赞美她，但与其说“你太漂亮了”，不如说“这件衣服穿在你身上真漂亮”；与其说“你真有头脑”，不如说“你怎么就能想出这样的好办法呢”，这样表达起来，更显真诚。

3.如果彼此关系很好，交情很深，那有时即使夸张一些也没关系

比如，对你闺密的新衣服，你可以说：“你的美丽真是让我嫉妒死了。”你的话不仅不会让她生气，还会令她很受用。

第二，分人。

人的素质有高低之分，年龄有长幼之别，不同的人所能接受的赞美的语言和赞美的方式是不同的，赞美别人时如不审时度势，不知道因人而异，即使你是真诚的，也会变好事为坏事。相反，因人而异，突出个性，有特点的赞美比一般化的赞美能收到更好的效果。

那么，怎样才能做到因人而异地赞美别人呢？

1.根据对方的年龄

我们在赞美老人时，可以着重赞美他当年的那些引以为豪的业绩与雄风；对年轻人，不妨语气稍为夸张地赞扬他的创造才能和开拓精神，并举出几点实例证明他的确能够前程似锦。

同时，老年人一般会寄希望于子孙，而年轻人则寄于自身。因此，尽量不要称赞年轻人的父母或者长辈等；而对于老年人，你如果说他的子孙

无论学识或能力都是难得的人才，他一定会相当欢喜，甚至认为你慧眼识英雄！

2.根据对方的职业

对于经商的人，可称赞他头脑灵活，生财有道；对于有地位的干部，可称赞他为国为民、廉洁清正；对于知识分子，可称赞他学有根底、笔下生花、知识渊博、宁静淡泊……

3.根据对方的性别

比如，同样是赞美体胖的人，对于女性，若说她又矮又胖，一定会令人反感；但你夸她一点不胖，只是丰满，她就会得到几分心理安慰。对同样体型的男子，你说他是矮胖子，他也许会置之一笑。

4.根据对方的性格特点

对方性格外向，行事大方，可多赞美他，他会很自然地接受；如果对方比较内向、敏感、严肃，你过多赞美他，会使其认为你很轻浮、浅薄。

5.根据对方的知识水平

比如，如果你和一个知识分子谈到对社会上嫉贤妒能现象的认识时，你可以说“木秀于林，风必摧之”之类的话；而如果对方是个知识水平不高的人，你则可以说“枪打出头鸟”“出头的椽子先烂”这样的俗话，对方会更容易接受，这样讲话才有效果，赞美人同样如此。

当然，这一切要依据事实，切不可虚夸。

的确，在日常交往中，人人需要赞美，人人也喜欢被赞美。真诚的赞美不但会使被赞美者产生心理上的愉悦，还可以促进人际关系的和谐，赞美是一件好事，但绝不是一件易事，只有“到什么山上唱什么歌”，掌握分时、分人的赞美原则，才能真正达到良好的赞美效果。

不经意的细节赞美，把对方变成自己人

有这样一个心理学实验：一个销售员工作很努力，让两个同事去赞美他。第一个人走上前去微笑着说："你工作起来非常认真，也很努力。"这名销售员含蓄地笑着说"谢谢"，然后继续埋头工作。第二个人上去之后，说："你工作这么努力，客户信息整理得这么认真仔细，难怪你的业绩会那么好。"销售员笑着说："是吗？我也是尝试着做。"随后他主动和第二个人交谈了起来。

同样是赞美销售员工作很努力，被赞美者的反应却大相径庭，这究竟是为什么呢？专家是这样分析的：人的内心之中会对周围的人有一个"远近关系"的判断，对于越了解自己的人位置会摆得越近，情绪反应也会越大，反之，内心的情绪便会越淡，这在心理学上叫作"自己人效应"。你在赞美的时候能说出细节，对方的内心之中会觉得你对他的关注多，是属于"自己人"，而"粗枝大叶"的赞美，别人会觉得你是在说客套话，并不了解和关注他，是一个"他者"。基于人们的这种心理，在表达赞美的时候，不妨多说一些细节，拉近心理距离，把他人营造成"自己人"。

相传，法国著名的作家大仲马年轻的时候，有一段时期非常地穷困潦倒，后来流浪到了巴黎，他去找父亲的一位朋友，希望他能够帮助自己找一份工作。当父亲的朋友得知他的来意之后，问道："你有什么特长吗？"大仲马羞涩地摇了摇头。对方无奈地摇了摇头说："那你把地址写下来，我帮你找到工作后好通知你。"大仲马惭愧地写下了自己的地址，对方说："年轻人，你的名字写得很漂亮啊，这就是你的优点！"对方一边点头一边说："把名字写好，就能把文章写好。"大仲马受到了鼓舞，

高兴地离开了。

在赞美大仲马的时候，他父亲的朋友没有直接夸奖他字写得漂亮，而是赞美他的名字写得好，通过一个细节，把赞美送到了大仲马的心里，让大仲马觉得他就是自己的知己，属于“自己人”，进而赢得了大仲马的信任。心理学家认为：在每个人的心里，都渴望别人更多地欣赏自己。如果你只是“粗枝大叶”地说些好话，则会让对方觉得你根本不了解他，其心理上就会产生落差，继而拉远心理距离。可见，在赞美别人的时候，要多注重一些细节之处，让别人的心里产生“自己人效应”。

在生活中，这样的例子也非常多。有一个男孩特别喜欢踢足球，他渴望着能够成为足球明星，终于，在他25岁的时候实现了自己的梦想。于是他的老师和同学们都前来为他祝贺。有一个老师说：“你真了不起，这么年轻就成为了鼎鼎有名的足球明星。”男孩笑着说：“这没什么。”这时候有一位同学说道：“你的吃苦精神真的很令人折服，不管刮风下雨，你始终在球场上奔跑。”这时候，男孩走过去给了这位同学一个深情的拥抱。赞美别人抓住细节，往往会让你迅速地站到对方内心中近距离的位置上，从而成为“自己人”。

那么，究竟如何才能在赞美中凸显细节呢?

1.表达赞美不妨有的放矢

很多人在赞美的时候总是很抽象地表达感觉和印象，却没有具体说明，让接受赞美的人觉得他是在敷衍自己。比如，有的人赞美一个女孩很漂亮，却说不出她究竟漂亮在哪里，这种情况下，如果你要想把你的赞美之词送到对方的心里，不妨夸她的衣服很时尚，化妆很到位，等等。

2.赞美别人时要局部细化

表达赞美要尽可能局部细化，让对方知道他的什么地方值得你欣赏，值得你夸奖。这样别人才会觉得你是真的在关注他，而不是对他只有大概的印象和感觉。比如，你赞美一个女孩，与其说她的笑容很灿烂，不如说她笑起来酒窝很迷人。

3.赞美要透过现象看本质

通常，当一个人取得成绩的时候才会被人关注，因而得到的都是对他的能力的赞扬，殊不知，对方更加在乎自己付出的努力。在赞美的时候，要透过现象看本质，不要人云亦云地赞美表面的成就，而去赞美对方所付出的艰苦的努力，这样往往在心理上能和对方靠得更近。

“自己人效应”，说的是人会根据周围人对他的喜爱和感兴趣的程度，在内心中确定不同的远近距离，位置越前的人，与自己的关系越密切，相反，则越疏远。在一个人心中位置十分靠前的人，往往会被他当作知己，属于“自己人”，他对此人表现出的情绪和反应就会越大。“自己人效应”在人际交往当中普遍存在，是人们获得更多的“心理安全”的一种表现形式。

真诚赞美，更显动人

心理学专家曾经做过这样一个心理学的实验：让两个人分别去赞美一个舞跳得很好却意外摔倒的姑娘。第一个人走上前去，一边笑一边说：“你的舞跳得太完美了。”第二个人走过去，拍了拍姑娘的肩膀，说了句

“你很棒”。姑娘对第一个人的赞美，表现出非常厌恶的情绪，狠狠地瞪了他一眼，而望着第二个人感激地说了声“谢谢”。

两个人同样是去表达赞美，为什么第一个人遭到了白眼，而第二个人却得到了感谢呢？对于这种现象，心理学专家作出了解释：人对外界的反应有一个基本的是非判断，从而迅速地恒定内心的安全感。对于友善的表情和动作，同样会作出友善的迎合，继而换来更大的友善；对于不友善的情绪，则同样地给予敌意，以确保自己安全系数的最大值。基于人们的这种心理，在表达赞美的时候，尽量表达得真诚一些，为自己赢得好感。

柯达公司的创始人伊斯曼要捐款建造音乐堂。这天，建筑商亚当森前来会见伊斯曼，进了办公室后，见伊斯曼正忙着看文件，他仔细地打量起办公室来。等伊斯曼忙完之后，他没有谈生意，而是说：“我仔细地观察了办公室，装修得实在是太精致了。”伊斯曼回答说：“是我亲自设计的，我很喜欢，但是平日里很忙，根本没有时间仔细欣赏。”伊斯曼带着亚当森仔细地参观了办公室，并一一作了介绍。亚当森微笑着聆听，饶有兴致，直到亚当森告别的时候，俩人都未谈及生意，最终，亚当森却如愿以偿地得到了这个订单。

亚当森并没有谈生意，而是赞美了伊斯曼的办公室装修得很精致，从而赢得了伊斯曼的好感，最终实现了想要获得订单的愿望。研究表明：当一个人被别人真诚地赞美的时候，心中会对对方的欣赏产生感激，在脑中会形成一个完美无瑕的形象。在这种心理作用之下，内心很容易向对方靠拢，甚至会作出妥协和让步。因此，在表达赞美的时候，应尽量表现得真诚一些，赢得别人的好感。

在生活中，这样的例子非常多。有一个女孩去参加魔术表演，其间，她无意间碰到了裁判老师，就在擦肩而过的一瞬间，她突然转身说了一声："老师，你的裙子很好看。"老师先是一愣，很快，老师高兴地说："真的吗？这是我从北京买回来的，平日里很少穿的。"这天下午比赛结束了，有两个魔术表演都非常不错，难分好坏，其中就有那个打招呼的女孩子。裁判们在左右为难的时候，这位老师点了女孩的名，说："我觉得她的表演略胜一筹，表情比较丰富。"就这样，女孩在真诚地表达赞美之后，给自己赢得了老师的好感。可见，在赞美他人的时候，要表达得真诚些，这样才能赢得他人的好感。

那么，究竟如何才能让你的赞美表现得真诚呢？

1.适当和对方进行眼神交流

在交流时，别人会通过你的眼神来甄别真伪。不要逃避和他人的眼神触碰，眼神也不要四处游走，更不要望着天花板和地面——人在说谎的时候，眼神都有这些反应。相反，要多往对方面部的右上角凝聚，因为人在表达真诚的时候，眼神往往会向右上角转移，这样，别人会感受到你的真诚。

2.多注意一些身体的小动作

在表达赞美时，别人也会通过身体的一些小动作来判断你是否真诚。比如，人在说谎时，会下意识地把手放在嘴上，或者是摸一下鼻子。同样，欣赏对方时，会鼓掌、竖起大拇指，或者是双手交叉或重叠着放在身前，身体会主动向对方靠近，还有不断地点头等。

3.言辞表达一定要恳切

要想表达真诚，最主要的还是在言辞上，要诚恳一些、热烈一些，用你内心迸发的热情来感染对方的情绪。比如，在赞美别人的优秀表现时，你要说："你真是太棒了！"在"太"上还要加重语气语调，让你浓浓的敬佩之情，通过你热烈的表达传递到对方的心里。

美国马斯洛层次理论认为：自尊和自我实现是一个人较高层次的需求，它一般表现为"荣誉感"和"成就感"，而荣誉和成就的取得，还需得到社会的认可。赞扬的作用，就是把他人需要的"荣誉感"和"成就感"拱手送到对方手里。当对方的行为得到你真心实意的赞许时，他看到的是别人对自己努力的认同和肯定，当自己渴望的荣誉感和成就感在别人的赞许中接踵而至时，他在心理上也将得到强化和鼓舞。

第 04 章

懂心理，幽默话说得愉悦人心

风趣言语，在任何场合都是不可或缺的。初次见面的陌生场合、尴尬的情境，都需要幽默来活跃气氛。当然，把自己培养成说话幽默谈吐风趣的人，并非平时多听多看就可以达到的，还需要知识的积累、思维的训练。

幽默，消除人与人之间的隔阂

幽默往往会以使人愉悦的方式表达出真诚、善良和大方，它就好比是架设在人与人之间的桥梁，有效地拉近了人与人之间的距离，填补了人与人之间的沟渠。幽默的力量是不容小觑的，在现实生活中，有可能仅仅是一句风趣的话，就可以令身边的人对自己刮目相看。当然，我们不能过分地夸大幽默的作用，但幽默最大的特点就是可以令人感到快乐，不是吗？可以说，幽默是人类独有的特质，是智慧的体现，因为它可以化解许多人际间的冲突和尴尬的情形，化怒气为豁达，同时还会给身边的人带来许多的快乐。那些富于幽默的人走到哪里都会受人欢迎，因此我们可以说：“幽默可以缩短人们之间的距离。”

幽默风趣的王先生借用朋友的豪华别墅举办了一次晚会，当活动即将开始的时候，助理小张却急匆匆地跑来，一脸的自责表情，说：“在我们购买东西回来的时候，苹果不知道什么时候掉了一袋，剩下的可能不太够用，这里离市区那么远，怎么办呢？”

王先生灵机一动，笑了笑，只是轻声地问道：“有没有哪一种东西准备多一点的？”助理小张回答说：“小点心准备得很多，应该还会有剩下的。”听到这样的答案，王先生松了一口气，拍了拍助理小张的肩膀，安慰道：“没关系，有我呢。”

晚会开始了，人们看到苹果盘前面放了一块小牌子，上面写着：“上帝正在看着你，请别拿太多了！”大家看到，忍不住笑了，都很小心地只拿了一个苹果，走了几步又看到放小点心的盘子前也立了一个牌子，上面写着：“不要客气，要多少拿多少，上帝正忙着注意前面的苹果呢！”看到这样几句话，大家都笑得弯下了腰，当然，这场晚会虽然缺少了一些苹果，却让宾客尽兴而归。

幽默是什么？幽默就是快乐，无比的快乐。幽默所能带给我们最多的就是快乐，生活中，只要我们稍微动动脑筋，人生就处处充满了幽默，处处充满了欢声笑语，幽默的力量，不仅在于化解困境，更关键的在于在化解尴尬的同时能带给我们快乐。人生就好比一张白纸，我们可以乐观地在这张白纸上画出美丽的色彩，也可以悲观地画出沉闷的黑色基调，只要我们心怀阳光，乐观积极，那我们就能用幽默来驱散内心的不快，让自己成为一个无比快乐的人。

一位年轻人骑着新买的摩托车在大街上闲逛，不料，“哐当”一声，那辆崭新的摩托车撞上了小轿车，幸好人没事。小伙子一边查看那辆崭新的摩托车被撞后的残骸，一面对围观的人说：“唉，我以前总说，有一天能有一辆摩托车就好了，现在我真有了一辆车，而且真的只有一天。”围观的人听了，都哈哈大笑起来。

在这个小故事中，对这位年轻人而言，自己的摩托车被撞了已经是无法挽回的事情了，为此，天性乐观的他并不把这件事放在心上，而是善用幽默的力量，这样既减少了自己的痛苦和内心的不愉快，同时还给那些围观的人带来了快乐。

幽默的特点是机智、自嘲、调侃、风趣等，幽默不仅能给我们带来快乐，同时还可以消除敌意，缓解摩擦，化解矛盾。可以说，在日常交际中，那些富于幽默的人，通常会拥有好的人缘，可以在短时间里缩短人际交往的距离，从而赢得对方的好感和信赖。

那些缺乏幽默感的人，则会在一定程度上影响交往，而且会使自己在别人心目中的形象大打折扣。我们可以判定，具有幽默感有助于一个人的身心健康，在日常交往中，我们要善于主动交际，扩大交际面，与人为善，主动帮助他人，从而体验幽默的乐趣。

幽默，让沟通可以畅通无阻

一位青年非常被贵族看重，为了可以和这位青年拉上关系，贵族便说："我有个女儿，十分好，情愿许配给你。"听了这句话，青年深深地鞠了一躬，回答说："我出身贫寒，能够攀附高门，当然非常荣幸，等我回家和妻子商量一下，怎么样？"当沟通出现障碍的时候，这位青年幽默地表达了自己的想法，这样既不会得罪这位了不起的贵族，而他所说的话也会让这位贵族对他更加器重，虽然这位青年拒绝了他，但贵族不会感到生气，只是会感到惋惜。

约翰是一位著名的记忆专家，据说，他有一套独特的方法来与听众打成一片。比如，他经常会在会议或演讲开始之前，向来宾们一一问候致意，请教他们的尊姓大名，然后，在会议或演讲结束之后，约翰再一一叫出每个人的名字。假如他记错了，那就付5美元给那个他忘记了名字的人，不过，通常情况下，约翰都不允许自己出错，对此，那些经常听他演讲的人对他的记忆力真是又困惑又佩服。

但是，有一次，他遇到了一点小麻烦。正在他演讲的时候，坐在大厅前排的一个小伙子不等他解释完培养记忆力的问题，就站起来大声说：“约翰先生，你怎么会记住这么多名字呢？”约翰回答说：“先生，我可以用三个字来回答你的问题——用、大、脑！”结果，那小伙子还没喘一口气，立即说了一句：“那是我的想法，而你用的是什么呢？”

约翰差点被问倒了，不过，他毕竟是一位机智的人，他几乎毫不停顿地说：“我说的大脑是指脚后跟，明白吗？脚、后、跟。”顿时，下面的听众笑得前仰后合。

当沟通的管道遭遇阻碍的时候，我们就需要想办法对管道进行疏通，让沟通得以继续进行。在这个案例中，假如约翰真的被问倒了，像一只木鸡呆站在台上，那么他这个记忆专家就要贻笑大方了。

在生活中，我们都有这样一个常识：当下水道遭遇阻碍物的时候，我们所想的办法是软化阻碍物，这样才可以疏通管道，使管道正常运作。在日常交际中，其实也是一样的道理，我们需要用一点特别的办法让对方接受这种疏通管道的方式，而幽默恰恰是这样一个绝妙的办法，因为幽默，我们总是会轻而易举地化解尴尬或难堪，让和谐的气氛重新回到我们身边。

可以说，幽默为沟通疏通了管道，得以让彼此之间的交流畅通无阻。在日常交际中，在我们与他人沟通的时候，难免会遭遇阻碍，这时假如我们可以幽默一下，那就可以为沟通疏通管道，让双方之间的交流更加和谐。

幽默，以最快速度打动人心

如果说语言是人们交流沟通的媒介，那么幽默的语言便是通向对方心灵的桥梁，它能让你风趣诙谐地表达自己的某种心意，并以最快的速度直抵他人的心灵。因此，幽默是最受欢迎的生活艺术，幽默的语言体现的是一种修养，它能让与他人的交往变得更为轻松，也会令人如沐春风!

人际沟通的最大杀手便是枯燥，话不投机半句多，谁也不愿与一个严肃、沉重的人交谈。沟通中幽默的言谈可以给他人带来欢乐，也能让自己拥有愉快的心情。拥有幽默的人生活愉悦，并能拥有快乐的人生。

的确，用过于严肃的态度生活，难免太沉重，人生不如意事十之八九，若总是唉声叹气，生活必然一片灰暗。如果换一种心态，调侃一下生活，就会显得诙谐幽默，大度自然，每天都会很阳光、很光明，使生活充满希望和快乐。会调侃的人懂得如何给生活添加作料，受到不公平待遇也会泰然处之，即使心情郁闷，也能通过开玩笑的方式给别人传达某种信息，这种人热爱生活，大智若愚，充满了人格魅力，在现实生活中会得到众多朋友的喜爱，因此成功的机会自然比一般人多。

以下方法可帮助你活跃沟通氛围:

1.拿自己开涮

懂得运用自我贬低、自我解嘲这种方法制造幽默的人往往都是幽默高手，会收到欲扬先抑、欲擒先纵的效果，众人将在哄笑声中重新把你抬得很高。自我贬抑既可活跃气氛，又能博得他人好感。

2.调侃对方

社交中，对于那些关系亲密的朋友，可以以对方为幽默的对象，开句玩笑，互相贬低一番，这并不是坏事，反而会使朋友间亲密无间。但要记住，你的玩笑一定是不带恶意和偏见的。

3.夸张赞美

抬高他人有时候也能产生幽默效果，但这种方法并不等同于虚伪的恭维、奉承，善意的抬高会立即使整个气氛变得异常活跃。老朋友、新同事见面后，难免介绍寒暄一番，这是个极好的活跃气氛的机会。

4.搞恶作剧

恶作剧也是一种幽默的表现方式，它的幽默来自于出人意料性。朋友间，可以互相调侃，可以突破紧张的、受束缚的社交规则，当然，不能否认的是，对于那些不喜欢恶作剧的人，最好少用。

5.寓庄于谐

社交生活中，你不需要时时紧绷着自己，自始至终保持庄重气氛的话，难免会显得紧张。即使是那些需要庄重的场合、面对那些严谨的问题，同样可以用风趣、幽默的语言来表达。

你想笑别人，不如先笑你自己

在你身边，什么样的人最受欢迎？你一定会回答：有幽默感的人。因为有了幽默感，他们更善于与其他人沟通，即便表达反对意见也不让人反感；因为有了幽默感，他们总会成为聚会的主角，人人都愿意和他们聊上几句……而最受欢迎的幽默方式是什么？答案一定是自嘲。它是一种生活的艺术，还是一种自我解嘲、自我帮助，也是对人生挫折和逆境的一种积极、乐观的态度。自我解嘲并不是像人们所说的逆来顺受、不思进取，而是一种随遇而安的心态，是对于那种可望不可及的目标重新作一下调整，设计出符合自己当下的目标，追求新的目标。

在一个宴会上，服务员倒酒的时候，由于不小心，倒在了一个顾客硕大的秃头上，很多人都惊呆了，请客的主人感觉到自己丢了面子，怒气冲冲地要把老板叫来赔罪，而服务员更是吓得面无人色，手足无措。然而，这位客人并没有丝毫的愤怒，用毛巾擦了一下湿漉漉的脑袋，笑吟吟地对服务员说："美女，你以为这种方法治疗秃顶会有效吗？"在场的人听了都不禁笑了起来，尴尬的局面也被打破了，那位服务员更是感动得不知道说什么才好。

这位客人用自己开玩笑，既展示了自己宽广的胸怀，又维护了自我尊严，同时还给那位粗心的服务员提供了一个台阶，算得上是一举三得了。

人们要想做到自我解嘲，就要保持一颗平常的心。这一点也是最重要的，平常的心，就是不被名利所累，不为世俗所牵绊，不以物喜，不以己悲。这不是很容易就能做到的，只有树立了正确的人生观、价值观，对名利地位、物质待遇等采取超然物外的态度，才能心怀坦荡，乐观豁达，才谈得上自我解嘲，精神上才可以轻松起来，自己才可以获得潇洒和充实。

具体来说，我们在自嘲时，可以针对这些方面：

1.笑笑自己的长相

有时你陷入难堪是由于自身的原因造成的，如外貌的缺陷、自身的缺点、言行的失误等，自信的人能较好地维护自尊，自卑的人往往会陷入难堪。对影响自身形象的种种不足之处大胆巧妙地加以自嘲，能出人意料地展示你的自信，在迅速摆脱窘境的同时显示你潇洒不羁的交际魅力。如你“海拔不高”，不妨说自己是体积小魅力大，浓缩的都是高科技；如丑陋的你找了一个美丽的她，不妨说“我很丑但我很温柔”；即便你如刘墉一样背上扣个小罗锅，也不妨说你是背弯人不弓。

2.笑笑自己的缺点

笑自己的长相，或笑自己做得不是很漂亮的事情，会使我们变得较有人性，并给人一种和蔼可亲的感觉。如果你碰巧长得英俊或美丽，试试你的其他缺点，如果你真的没有什么缺点就虚构一个，缺点通常不难找到。一位大学足球队的教练，有人向他问起某位明星球员，这位教练说：“他是大四学生，很不错的球员。但是有一个缺点，就是他已经大四了。”

人际交往和沟通中，自嘲是不可多得的灵丹妙药，别的招不灵时，不妨拿自己来开涮，至少自己骂自己是安全的，除非你指桑骂槐，一般不会讨人嫌，智者的金科玉律便是：不论你想笑别人怎样，先笑你自己。

幽默，化干戈为玉帛

大多数人只要听到“谈判”这个词语，就会联想到严肃而正式的场合，几个人不苟言笑地坐着，彼此心里打着自己的小算盘。实际上，这只是谈判的一种，现实生活中的谈判已经走向了多元化，大部分谈判者会用到幽默的技巧，这样可以缓和紧张的气氛，营造出和谐而友好的氛围，同时也缩短了双方的心理距离，钝化了对立感。许多谈判者之所以那么青睐于幽默的艺术，那是因为幽默可以使他们在谈判中如鱼得水，经常会有“山重水复疑无路，柳暗花明又一村”的感觉。而且，在局势紧张的谈判中，幽默还可以适时起到化干戈为玉帛，变战争为和平的作用。

在一次董事会上，美国电报电话公司董事长卡普尔的领导方式遭到了公司许多人的批评和责问，整个会场充满了紧张的气氛。有位女董事质问道：“过去一年中，公司用于福利方面的资金是多少？”当她得知用于福利的资金只有几万美元的时候，又说：“我真要昏倒了！”听了这样的话，卡普尔漫不经心地回答了一句：“我看那样倒好。”听到这样的话，会场立即爆发出一阵难得的笑声，而那紧张尴尬的气氛也随之消失了。

在这个案例中，卡普尔用恰当的口吻把敌视的讽刺化为幽默，与此同时，也化敌为友，消除了大家激动的情绪。在实际谈判中，有时候会因某种原因导致谈判双方处于骑虎难下、进退两难的窘境，这时，若能来一句幽默的话，那往往会让难堪的双方相视而笑，这样一来，尴尬的气氛就会马上缓和下来，从而达到变战争为和平的目的。

第 05 章

懂心理，说服话说得贴合人心

日常交际中，我们常常会遇到需要说服他人的场合。面对家人、朋友、领导甚至恋人，总会遇到要说服对方的情况，如何才能将自己的想法通过语言表达出来，让对方乖乖听话呢？懂心理，说服话才能说得贴合人心。

换位思考，体察对方的心思

所谓角色互换，也可以称为设身处地，或者是角色对调。通俗地说，就是把自己放在他人的位置上，从他人的角度出发考虑问题，做到真心诚意为他人着想，并且能够更多地理解和体贴他人。当我们把角色互换用于说服他人时，我们能够更好地体察对方的心思，并且对他人感同身受，从而水到渠成地说服他人。

在生活中的很多情况下，尽管我们竭力地说服他人，对其晓之以理，动之以情，但是对方就是不为所动。这种情况的出现，往往是因为我们没有从他人角度考虑问题，总是一味地从自己的立场出发，所以，我们的长篇大论非但无法打动对方，甚至有可能招致对方反感。为什么有些人总是能够轻而易举地就说服他人呢？这是因为他们能够站在他人的角度考虑问题，在表达自己的意见时也更多地考虑了他人的感受，所以他们说出去的话更容易让他人接受。

皮皮从小就对玩具情有独钟，即使现在已经8岁了，也依然爱玩具手枪和各种各样的轨道车。每到节假日或者周末，皮皮总是请求妈妈带他去买玩具，然而，每次只买一两件玩具是不能满足他的，他总要挑选好几件自己喜欢的玩具让妈妈付款。随着皮皮的学业越来越重，妈妈每次休假不但要带着皮皮去上兴趣班、补习班，还要花费高昂的学费给皮皮报名学英语。因而，妈妈和皮皮商量："以后咱们少买些玩具吧，家里都放不下了，而且很浪费钱。"皮皮马上噘起小嘴，不高兴起来。

一个周末，妈妈带着皮皮去上英语课，回来的路上，皮皮非要去商场买玩具。妈妈想了想，对他说："今天，咱们上英语课已经花了200多元钱学费，所以只能给你100元经费去商场。这100元经费要吃午饭，喝水，剩下的才能买玩具，而且，我想跟你玩个游戏。"听说要玩游戏，皮皮马上兴致盎然，妈妈对皮皮说："今天去商场，你当妈妈，我当孩子。你要负责我的吃喝拉撒，还要满足我买东西的愿望，如何？"皮皮听说自己能当妈妈，高兴地又蹦又跳，丝毫没有想到接下来会面临的窘境。皮皮高高兴兴地从妈妈手里接过100元钱，就带着妈妈进商场了，妈妈刚进商场，就直喊饿了，无奈，皮皮只好带妈妈去吃饭。他们两人一人一个汉堡包，原本皮皮是想喝橙汁的，但是一想到钱，因而改成每人一瓶矿泉水。后来，妈妈走着走着，看上了一个洋娃娃，非要纠缠着皮皮给她买洋娃娃。皮皮不买，妈妈就装模作样地哭起来，惹得商场里的人纷纷看他们，无奈，皮皮只好给妈妈买了个最小号的娃娃。此时，皮皮手里只剩下20多元钱了，正当皮皮领着妈妈开始看手枪时，妈妈突然又喊："我渴了，我要喝水，我要喝水！"皮皮看着妈妈的样子，为难地站在那里，似乎要哭出来，说："但是，我只剩下20多元钱了，再喝水，就买不到任何玩具了。"妈妈要赖皮地说："如果不喝水，我就要吃冰激凌。"就这样，皮皮被妈妈弄得哭笑不得，只得放弃了自己的玩具枪，又给妈妈买了一瓶水。当妈妈再次缠着皮皮要买一个芭比娃娃时，皮皮终于无法招架，说："哎呀，太累了，我不当大人了，我要当孩子！"妈妈这才语重心长地说："皮皮，你觉得当妈妈好吗？"皮皮摇摇头，妈妈又说："100元钱是不是很快就花完了，而且远远不够？"皮皮又点点头，妈妈继续说："100元钱虽然花起来很快，但是挣起来很不容易。爸爸妈妈必须省吃俭用，才能供你读书，如果你再不停地要玩具，那就真要把爸爸累死啦。你看看，爸爸周末也不能休息，还在加班挣钱呢！"皮皮想了想，认真地对妈妈说："妈妈，我再也不胡乱买玩具了。以后，我只买特别想要的玩具，只买有用的玩具。"

不管妈妈怎么说服，皮皮就是无法放弃买玩具。幸好，妈妈灵机一动，想出了这个角色互换的方法，让皮皮也感受到了爸爸妈妈的辛苦，因而，皮皮决定以后收敛买玩具的欲望，再也不缠着妈妈要玩具啦。生活中，有很多孩子都没有金钱的概念，因而在买玩具的事情上毫无节制，如果父母们也能使用这个方法，则一定能让孩子感受到父母的辛劳，从而更多地体谅父母。

角色互换的方法，用在孩子身上就像是一个好玩的游戏，能够起到寓教于乐的作用，用在成人身上，则能让成人深刻地感受到他人的感受，从而更加体贴和理解他人。针对很多女性朋友怀孕期间不为丈夫所知的辛苦，科学家专门研制出一个机器，能够让男人感受到女性怀胎十月的辛苦和生孩子时难以忍受的十级疼痛。如此一来，女性朋友往往能得到丈夫更多的关爱和照顾，并得到丈夫极大的尊重和体贴，这就是角色互换的神奇魔力。不管面对谁，如果你想让对方心服口服，不如就采取角色互换的方法吧，相信它一定不会让你失望的！

潜移默化，利用心理定式说服他人

所谓心理定式，也叫思维定式，惯性思维等。在心理定式的影响下，人们受到之前的心理准备活动或者准备状态的影响，导致其后的心理状态也沿着之前的心理轨迹向前推进，表现出明显的倾向性。如果外界环境保持不变，心理定式能够帮助人们用已经掌握的方法高效地解决问题，但是一旦情况发生改变，则心理定式就会表现出弊端。很多人因为受到心理定式的影响，即使情况发生改变，也无法从因循守旧的思维中跳脱出来，导致思维受到局限。从心理学的角度来说，每个人的身上都或多或少地表现出心理定式的影响。在说服他人的过程中，如果我们能够巧妙地运用心理定式，就可以不知不觉地说服对方，让对方潜移默化地接受我们的观点。

如果交谈的氛围从刚开始时就非常融洽，那么，不到万不得已，人们不会轻易打破这份融洽。因而，要想成功说服他人，我们首先要营造良好的交谈氛围，其次，我们还应该保持耐心，引导对方作出肯定的回答。如果对方从一开始就否定，那么就会进入恶性循环，导致不管你说什么，他都毫无例外地否定。如果引导得当，让对方时时刻刻都肯定你，则对方就更容易潜移默化地接受你的影响，在不知不觉中说服自己作出改变。最后，我们还要表现出高姿态，以宽容友善的态度待人，这是因为，当你表现出宽容时，对方也就不会斤斤计较，更不会让你难堪得下不来台。这就像是一场戏的基调，必须先铺垫好基调，才能让后面的发展、高潮等，全都水到渠成。

张骞一直在追求娜娜，虽然娜娜对他并没有特别的好感，然而张骞就像吃了秤砣铁了心，居然告诉父母今生非娜娜不娶。这大概就是萝卜白菜，各有所爱吧，当然，虽然娜娜对待张骞的感情没有那么炽烈，不过她也不反感张骞。归根结底，每个女孩心底里都希望自己拥有无数的追求者，这样才能充分表现出自己的美好。因而，对于张骞的追求，娜娜从未表示出明显的拒绝，就这样，他们保持着这种朦胧的暧昧关系已经一年多了。

在春节之后的情人节到来之际，张骞决定要与娜娜明确恋爱关系，他提前预定了高档西餐厅的包厢，要与娜娜度过一个浪漫而又美好的情人节。在飘忽不定的音乐声中，在摇曳的烛光中，在琥珀色的红酒中，张骞问娜娜："娜娜，你觉得我人怎么样，好不好？"在如此美妙的环境中，娜娜当然不想扫兴，而且此时此刻她的确觉得张骞很好，因而她面带微笑地点点头，说："好，很好！"张骞又问："作为女孩，你觉得如果有我这样的男朋友，是幸福还是不幸呢？"娜娜面带娇羞，说："幸福。"张骞又问："我哪些方面让人觉得好，觉得幸福呢？"娜娜认真地想了想，说："你很体贴，也很温柔，你从来不乱发脾气，而且能包容女孩娇气、耍小性子。"张骞笑了，说："说得具体点吧。""你总是记得我的生日，还会精心准备生日礼物。你还记得我的每一份需要，有一次我无意间说想吃烧麦，你就跑了很远的路去给我买。你还有好厨艺，能做出任何我想吃的东西，总之，你很好……"张骞抓住这个机会，问："你觉得，我会成为一个好丈夫和一个好父亲吗？"这个话题显然有些远，娜娜虽然有些迟疑，最终还是坚定地点点头。这时，张骞趁热打铁地问："既然如此，就请你当我的女朋友吧，我一定会让你成为这个世界上最幸福的女人。"事已至此，想到自己刚刚对张骞的那些认可和赞许，娜娜只好满面娇羞地点头答应。

因为担心被娜娜拒绝，张骞的每一句问话都花费了很多心思。显而易见，他运用了心理定式的心理技巧来说服娜娜，细心的朋友们会发现，对于他所提出来的每一个问题，娜娜都只能肯定地回答，而无法否定。在张骞循序渐进的引导下，娜娜不知不觉地进入了心理定式，潜意识里觉得对于张骞的每一个问题都应该肯定地回答。这个小小的计谋，让张骞得到了梦寐以求的女朋友，不过，娜娜当然也会得到幸福，因为从她的回答中不难看出，她心底里还是喜欢和认可张骞的！

朋友们，在说服他人的过程中，如果你想始终得到肯定的回答，就不要随便地提问，以免给对方否定的机会。只有让对方不停地肯定你的提问，肯定你的一切，对方才能渐渐形成心理定式，最终肯定你的请求。说服是一项看似容易其实难度很大的事情，我们必须掌握更多的心理学知识，达到灵活运用心理技巧的水平，才能更加轻松地、如愿以偿地说服他人。

层层递进，一步步说服对方

我们都知道，人都是精明的，很多时候，我们的目的是说服别人，但对方也会心存一定的防备，一开始就表明我们的说服目的，对方很可能拒绝我们，要想攻破这层堡垒，我们可以先不提自己的说服主题，先从家常式的谈话开始，层层剥离，让对方在不知不觉中接受和认同我们的价值体系和理念。

这天，孕婴产品推销员孟青来到某小区。

“阿姨，您好，您怎么一个人在家？您儿子媳妇呢？”

“你弄错了，这是我女儿的家，她怀孕了，我是来照顾她的。”

“唉，真是可怜天下父母心啊，这么大把年纪了，还这么为女儿着想，想当年，我岳母也是，生怕我妻子冷着饿着，孩子出世后，也是一刻不闲着。”孟青语重心长地说。

“可不是嘛！不过我女儿很好动，身子也不错，这会儿她婆婆带着她出去散步了，我们两个老太婆还怕照顾不好一个孕妇吗？”老太太爽朗地笑了起来。

“是啊，我看阿姨您就是一个和善的人，全家一定都很幸福。对了，阿姨，只顾着和您聊天，都忘了跟您说了，您看，这是我们公司的产品，是专门针对婴儿设计的，包括奶粉，益智玩具，还有各种婴儿期的书籍等。”

“原来，你是搞推销的？”

“是的，阿姨，不过您不购买也没关系，打扰您这么久，我赠送您一个小玩具吧。”说着，推销员拿出了一把玩具手枪，老太太一看，欢喜得不得了，但她一想：要是女儿生的是女儿，那岂不是不合适，再说，亲家也会以为自己重男轻女，那要不，再买个小娃娃吧，就这样，老太太主动提出再买个娃娃。

孟青一看，自己的方法奏效了，就对老太太说：“对了，阿姨，您的女儿还有几个月生？”

“两个多月。”

“现在的女人呀，都爱美，对于孕后的身材可是很在意的，我妻子就是，当年生完孩子后，一年多内都恢复不了，我那时候想，要是我能多挣点钱，给她买点有助于产后恢复身材的产品，就不会那样了。阿姨，现在我们公司的这种产品，正是针对孕妇设计的，只要产后每天锻炼十几分钟，就能收到很好的效果。您要是给您女儿买一个的话，她一定会很高兴。”

“是啊，那我也买一个吧，反正女儿生孩子，我这个做母亲的，也没为她买什么。”

接下来，在孟青的轮番轰炸下，这位老太太居然一次性购买了千元的孕婴产品。

案例中，推销员孟青在道明自己的拜访目的后，对方的反应是：“原来，你是搞推销的？”这句话里，我们发现，即使前期孟青做了很多亲近对方的工作，但还是被对方拒绝了。此时，他采取了以退为进的策略，提出为客户赠送产品的要求，面对免费产品，谁会拒绝？而这一“送”，就产生了“一发不可收拾”的后果，在孟青的劝购下，对方产生了对种产品的购买需求，于是，对方“上钩”了。

其实，不只是销售，很多情况下，我们在表明自己的说服目的之后，都会被对方拒绝，而如果我们能曲线救国，先从一些简单的认同开始，当对方消除防备心之后，再让对方一点点地认可我们的观点，效果可能完全不一样。为此，我们可以这样做：

1.得体的形象会让对方对你留下良好的第一印象

在和对方正式见面时，一定要穿着整齐干净，交流的时候不要太强势，要有很好的亲和力。让对方在轻松自如的环境中和你交流。也许对方会抵触你的说服话题，但不要让他抵触和你交流，切记，给对方留下良好的第一印象是我们成功说服对方的前提。

2.先不提说服目的，向对方提出一个令其无法拒绝的要求

这里，我们还是以销售为例，很多客户对销售人员有很强的戒备心理，所以，他们看到销售员的时候，态度非常冷漠，甚至是敌视。这时候，聪明的你不妨先抛弃自己的销售员身份，以一个普通人的身份提出一个人性化的要求。比如，上个厕所，或者是喝杯水，要么问个地址，这些最起码的人性化的要求，一般人都不会拒绝。你的客户自然也不会拒绝你简单的要求，因为对方觉得即使满足你这样的要求也不会影响到他，再说了，这些连最起码的陌生人都能满足的要求，销售员专门来拜访你，要是不能满足，也有些太不近人情了。在被满足这些人性化的要求的时候，销售员要抓紧机会和客户套近乎，从而提出更高一些的要求。

3.淡化利益观念

我们可以不和对方提说服的目的，只是聊家常，这样，对方认可你这个人之后，自然愿意主动接纳你的观点。在消除芥蒂和化解误会后，双方之间达成一致观点也就是水到渠成的事。

4.层层递进，让对方接纳你的观点

也许你在做了很多工作后，对方还是不接纳你的观点，此时你不可焦躁、把自己的观点强加到对方身上，你要层层递进，慢慢地接触对方的内心，不要急于求成，避免引起对方的反感，和对方发生对抗。

我们要明白一点，任何一次说服工作都不是一蹴而就的，需要我们作足心理准备、逐步打消对方的顾虑，进而让对方认可和接纳我们。

“利益诱惑”，让对方主动接受

现实生活中，人们参与社交活动，与人沟通，多半都是有一定的目的，也就是为了一定的利益，即使两个人的友谊再深，也不可能完全脱离利益而存在。比如，对方想结交某个名人，而你若能为其提供结交的机会，那么，对方就会主动先与你结交。因此，我们要想说服他人，也可以根据人们的这一心理，巧妙说出对方在接受说服后能够获得的益处，这样一来，对方一定会主动接纳我们的意见。

乔·吉拉德是世界著名的推销大师，一天，他所在的汽车展厅又迎来了一位客户。经过沟通和了解，乔·吉拉德向她推荐了一款合适的车型，那位客户看着崭新的汽车，左转转右转转，好像非常欣赏。

“夫人，如果您不介意，可以坐上去试试？”

“是吗？你们对面的福特车行，每款车上都写着‘请勿触摸’的字，你们的可以试试吗？”

“当然可以！”

这位女士坐在驾驶座上，握住方向盘，触摸操作了一番。从车里出来，那位女士说：

“不错，新车的味道真好！”

“那您决定买这辆车吗？”

“哦，我再考虑考虑，好吗？”

“亲爱的夫人，您可能还不知道这辆车驾驶起来有多么舒服，您愿意把它开回家体验一下吗？”

“真的吗？”这位女士感到不可思议。

“当然，没有任何问题！”

后来，这位女士决定购买乔·吉拉德的车，因为她把车开回家之后，丈夫、孩子和邻居都赞不绝口，这让她感到很满足，于是马上决定购买。

可以说，乔·吉拉德可以成功推销这辆车，是因为他在让客户参与方面做得很成功，让客户了解到了这款车的方方面面，满足了客户的好奇心。其实每个人都有很强的好奇心，特别是对自己不太了解的产品，都喜欢亲自接触和尝试。

从乔·吉拉德的推销经验中，我们也可以获得一些说服技巧上的启示，人们之所以不愿意接受别人的说服，要么是“没有看到自己即将失去的”，要么是“没有看到自己可能得到的”，关于后者，如果我们能通过语言描述法，让其看到接受说服后带来的益处，他一定会毫不犹豫地答应。

可以说，当今社会，任何人都逃不出利的引诱，暗示利益的存在，能让对方上钩，我们的说服目的也就在无形中达到了。具体来说，我们可以这样说服对方：

1.开发对方的想象力

人的想象力是惊人的，对于同一个事物，不同的人会有不同的看法。

因此，如果我们在说服他人的过程中能充分调动对方的想象力，为对方描绘未来美好的蓝图，将会对你说服他人有很大的促进作用。因为从心理学的角度看，一旦在人们的内心世界形成一种美好的愿望，那么，他们是极其愿意接受实现这种愿望的途径的。下面这段话就展现了一个销售人员是如何劝说客户购买产品的：

“周末的早晨，您带着您的孩子们，穿着我们公司的户外运动鞋，来到郊外，舒展已经劳累了一周的身体。郊外有座山，那天，有很多人一起爬山，当爬到山中腰的时候，有些人的运动鞋居然出现了问题，这些人面临的将是难以前进的道路……而您，却带着您的孩子挑战了山顶的高度！”

这是一段具有强烈对比性的想象，想象之所以为想象，是因为不是真实的，但客户听到这段话后，是不会产生异议的，因为，这只是对产品的一种自信。

2.让对方参与，体验互动

人们常说“耳听为虚，眼见为实”，相比你所说的，人们更愿意相信自己的眼睛，更愿看见真实的幸福生活，此时，如果你能调动起对方的视觉、嗅觉、味觉、触觉等感觉，那么，一旦他们对你的话产生了信心，是很愿意相信你的。

3.要找到对方最想看到的“利益”问题，进行“利诱”

不同的人，关心的问题不同，能对其起作用的点也就不同。也就是说，我们利诱对方，要分清对象，比如，销售过程中，有些客户比较爱贪便宜，那么，你可以暗示他会有某些小礼品的赠送；请客吃饭中，一些人比较看重可能会结识哪样的人，为此，你可以告诉对方饭局上会有某个名人、权威人士或者对方一直想认识的人……

4.你所应允的“好处”应当属实

若对方答应我们的请求是因为我们加以利诱，而当他们发现我们的承诺并不属实时，自然会心生不悦，这样，我们说服的目的也就难以达到了。

总之，聪明的人在劝服他人的过程中，都会巧妙攻心，他们并不会苦口婆心地劝说，而是常使用“未来憧憬法”这一方法加快对方接受意见的脚步，一旦对方感受到你所描述的蓝图是美好的，那么，他们会毫不犹豫地选择听从你的意见。

话不在多，在于说得巧

很多人在说服他人时，会喋喋不休说很多，他们说的话和要说服他人的内容或者有直接关系，或者只有一点点关系，甚至是没有任何关系的事情，也能拿来说事。其实，说服他人不是单纯地卖嘴皮子，要是只要会说话就能说服他人，那么说服也太简单了。现实情况是，现代社会的人际关系被提升到前所未有的高度，而在一切的人际关系之中，最难的就是说服他人。如何说服他人，且不招人厌烦，且不至于说得自己口干舌燥，这是个技术活儿。

常言道，好钢用到刀刃上，好话说到点子上，不管什么事情，都要讲求效率。如果能把话说到点子上，那么，即使寥寥数语，效率也会很高。相反，如果说的多是不对路子的话，那么，即使说很多，也见效甚微。我们怎样才能把话说到点子上呢？不妨看看画龙点睛的故事吧，说话就像画眼睛，这样才能领悟到语言的精妙！

婷婷大学毕业后，先是在家待业，后来又在老师的介绍下，来到上海一家二手房经纪公司工作。这份工作，在面试的时候，负责人就对她说：“一是要勤奋，二是要勤奋，三还是要勤奋，如果你想通过努力改变命运，这个行业是能够满足你的，如果你想不劳而获就过着轻松的生活，那么这个行业根本就没有必要进来。”

工作一段时间之后，婷婷渐渐适应了工作，干得很有兴致。然而，没过多久，婷婷因为工作和一名同事有了摩擦，彼此间很不愉快，这让婷婷打起了退堂鼓。得知她想辞职，当时面试她的主管说：“人年轻，难免会走弯路。如果有过来人把话告诉你，你就可以省了几年宝贵的青春时光，不再迷茫。”婷婷疑惑地点点头，主管一本正经地对她说：“职场上，没有任何工作同事之间的关系会像朋友之间那么轻松愉快，不管你换多少份工作都一样。这么说，你还想用换工作的方式逃避吗？”婷婷认真地思考主管的话，点点头，随即又摇摇头，最后，婷婷还是选择留下来。经过几年的努力，她如今已经升任主管，也同样会把主管的话说给手下的那些年轻人听。

主管的话虽然不多，但是字字珠玑。她深谙职场的生存之道，不愿意看着刚刚毕业走入社会的婷婷因为人际关系的一点小摩擦就放弃干得风生水起的事业。她的这番话挽留了婷婷，也改变了婷婷的命运。如今的婷婷，不管遇到多大的困难都不再想离开，而是一心一意地坚持，战胜困难。

如果话说到了点子上，即使只有寥寥数语，也效果显著，相反，如果话说得根本不搭界，那么就会变成不咸不淡的废话。不管做什么事情，我们都应该瞄准目标再开炮。

说对方喜欢听的话，满足其心理

很多人说服他人时，恨不得将其作为阶级斗争的对象，什么刺耳说什么，什么解恨说什么，一切只为了刺激对方，让对方愤而反抗。这真的是说服的目的吗？说服的目的前文已经说过，是为了下一步达成一致。如果坚持使用这样恶狠狠的态度，下一步达成一致是绝对不可能的，怕是只会在下一步变成不共戴天的仇人，甚至大打出手。

当你在抱怨为什么自己的说服不见成效时，不如发自内心地反省自己，你说的话真的是别人爱听的吗？对于不爱听的话，又有谁能听进去呢？由此可见，让说服立竿见影的唯一方法是，说对方喜欢听的话。这样，对方不但不会对你反感，反而会对你心生好感，甚至喜欢听你说话呢！这就是说服者的绝技——让说服成为受人欢迎的赞美！

然然所在的公司是一家上市企业，为了统一职业形象，突然出台规定让女员工都必须穿职业套装。规定一出，所有女员工哗然：我们花费巨资购买的那么多漂亮衣服，岂不是都要束之高阁，变成古董了？要知道，这些衣服买来都是为了上班穿的，周六日，我们大多数都在家里当黄脸婆呢，怎么可能一清早就穿衣打扮，老公还在睡觉，臭美给谁看呢？然然是最反对穿职业装的，因为她的工作是财务，每天埋头做账，根本也见不到几个人，穿职业装给谁看呢？然而，公司规定又不能违背。

陆陆续续，大多数女同事在发发牢骚之后，都极其不情愿地穿起了职业装，只有然然，依然固执地穿着飘逸的长裙。一天，办公室主任找到然然，说："然然，你身材很好啊！"然然丈二和尚摸不着头脑，突然被这样夸奖了一句，赶紧喜滋滋地谦虚说："哪里哪里，我妈说我太瘦了。""不是瘦，是苗条。咱们整个办公室里，就数你身材最好。"主任继续给然然说好话，然然更高兴了，说："主任，您身材也很棒啊。都两个孩子的妈妈了，穿着职业装，凹凸有致。"主任说："我都老啦，不提当年啦。你这小身材，要是穿上得体的职业装，真是俊秀中透着洒脱，刚硬的线条又勾勒出凹凸有致、精致玲珑的身材，岂不是要秒杀全公司嘛！”这时，然然说：“职业装太死板了吧？”主任摇摇头，说：“别有韵味啊，也许比你这长裙的效果好得多呢！”在主任的夸奖下，当天下班，然然就奔赴商场买了两身职业套装。果不其然，第二天她就穿着职业套装去上班了，回头率持续攀升。

为了说服然然换上职业套装，主任不遗余力地展示了夸奖的功力。在主任的夸奖声中，然然心花怒放，更是迫不及待地想要换上职业装，和其他女同事一较高下呢！这样的说服，然然听了心里非常舒服，怎么会不兴高采烈地采纳呢！

每个人都喜欢得到夸奖，而不愿意被批评和否定，这是人的共同心理。若你说出的话是他人很乐意听的，那么，不但你们谈话的氛围会和谐愉快，你说服的效果也会立竿见影。

第 06 章

懂心理，拒绝话说得不伤人心

人生是需要拒绝的，尤其是对自己不情愿的人和事，我们都需要拒绝。当然，拒绝的话是不好说的，当事人难以说出口，还容易伤了对方的心，但即便如此，我们依然需要巧妙地把“不”说出口，把拒绝的话说得不伤人心。

拒绝的艺术，把伤害降到最低

拒绝他人，是一件让人感到很尴尬的事情，因为一旦拒绝的方式不合理，就会导致被拒绝的人心生不悦，甚至影响彼此间的人际关系，这就得不偿失了。然而，生活中没有人是全能的，每个人都需要得到他人的帮助，我们也会被他人求助，也常常求助于他人，这也就注定了我们必须面对请求帮助被拒绝和拒绝帮助他人的双重困境。如果能够掌握好语言的艺术，恰到好处地拒绝他人，我们就能搞好人际关系，不会因为拒绝而失去朋友。

任何情况下，被拒绝的人心中都有小小的遗憾，因而在拒绝他人时，首先，我们应该学会委婉含蓄的方法，把对方的遗憾降到最低，尽量避免对方产生不满。诸如，我们可以找一些合情合理的理由，或者编造一个看起来合情合理的理由，这样一来，对方就会觉得你也是心有余而力不足，并非故意不帮忙，所以遗憾能够小一些。当然了，人生在世谁不需要帮助呢？在面对他人的求助时，如果我们能力能够达到，那么慷慨大方一些也未尝不可。其次，我们还应该注意拒绝对方的方式，诸如可以适当抬高对方，贬低自己，这样一来对方自然不好意思继续求助于你。最后需要注意的是，不管采取哪种方式，都要非常委婉含蓄，避免锋芒毕露，伤害他人的心。

作为医生的小张，自从大学毕业进入医院工作后，经常会被亲朋好友求助开病假条。当然，来求助小张开病假条的人大多数都是没病的，否则他们直接找给他们治病的医生就可以了，何必还来绕弯子呢！只不过每个人每个家庭都会有一些突发的事情需要请假，而单位对于事假管理又很严格，所以他们思来想去就想到了小张。有一个朋友在找小张开病假条时不以为然地说："哥们儿，这个病假条对于你而言不就是一张随手可得的纸么，别吝啬，赶紧给我开一张吧！如果三天病假不够，到时候我再来找你续开。"

小张苦笑着问："哥们儿，你知道我进入这家医院付出了多少努力和多大的代价吗？"朋友不知所以地摇摇头，他不知道小张为什么这么问他，小张继续说："我学医这几年，花了家里十几万。为了进这家医院，老爸又花了十几万给我托人找关系，当然我也要非常努力通过医院严苛的考核才行。你知不知道，那张你嘴里随处可见、唾手可得的纸，很有可能让我的这一切努力都白费。你可能很难想象开虚假病假条的严重后果，我可以告诉你，和你们公司里对待出卖公司信息的员工一样，后果就是马上辞退，永不聘用。"听到小张一本正经的回答，朋友沉默了，良久才说："你不说我不说，只有天知地知啊。"小张玩笑地说："话虽如此，但是我宁愿对不起你，也不能对不起我老爹的殷切期望啊，他还指望着我光宗耀祖呢！"听到小张这么说，朋友再也无法继续强求小张了，只好说："也是，可怜天下父母心，我就不再为难你了。"就这样，小张以言辞恳切的诉苦，打消了朋友的念头。

小张的拒绝方式，诉说了自己的为难之处，让朋友虽然心中有些遗憾，但是也不能抱怨或者责备他。很多情况下，我们都可以以这样的方式拒绝他人，这样不仅能得到他人的理解和谅解，也能消除双方的尴尬。

除此之外，我们还可以学着以轻松幽默的话来拒绝他人。总而言之，面对他人的请求，千万不要颐指气使，更不要觉得他人在请求你的时候是低三下四的。生活中，谁人不求人呢？也许今天是他人求你，明天就是你求他人了，想到这里，我们必须善待每一个求助于我们的人，这样才能更好地维护人际关系，使朋友之间的友谊之树常青。

抬高对方，令其主动收回请求

拒绝，往往会伤害他人的自尊心和自信心，让他人的感情受到伤害，甚至令其因此对你怀恨在心。要想避免因为拒绝而伤害他人，且避免失去朋友，则可以采取抬高他人的方式来拒绝。如果他人来求助于你，而你却抬高他，贬低自己，从而隐晦地告诉对方你的能力实在不足以帮助他，那么对方一定会领悟你的意思，从而主动收回请求，由此一来，岂不是皆大欢喜么！

从心理学的角度来说，一个人被拒绝之后会觉得心理上受到挫伤，甚至产生挫败感。此时，如果你能够用语言抬高对方，就能一定程度上改善对方心情，让其感到愉悦，也能找回些许的自信。由此一来，你就能抚平对他人的心理和感情造成的创伤，从而使拒绝变得不再那么难以接受。

每次去商场，马姐路过化妆品柜台都很发愁。有的时候，她明明很想购买一些化妆品作为日常保养品，但是，每当看到那些盯着她不放的化妆品推销员，她就很想躲避。直截了当地拒绝，她是不好意思的，然而，总不能每次都躲着走吧，尤其是当真的需要买化妆品时，学会拒绝就很重要了。

这天，马姐专门去商场的化妆品柜台，想给自己买套普通的护肤品。然而，已经半天没见到顾客的推销员趁势而上，居然给马姐推销了一套价格1000多元的化妆品，这可是马姐半个月的工资啊。马姐再三解释："我想买套100多元的。"推销员却不依不饶地说："大姐，您就试试这套高档化妆品吧。您看，您皮肤这么好，不用点儿好的化妆品保养，简直太可惜了呢！"马姐看解释没有用，因而说："姑娘，我只是个下岗女工，实在不需要这么好的化妆品。而且，我的年纪也大了，用再好的化妆品也回不到青春喽。你看看你，这么白皙细嫩的皮肤，才配得上这么好的化妆品呢！哪里像我，每天都要给餐馆洗菜做卫生，皮糙肉厚的，化妆品在脸上都抹不匀。而且，你的工作也好啊，冬暖夏凉地待在商场里，风不打头雨不打脸的，用化妆品才能用出效果。"看到马姐这么说，推销员无计可施了，只得缴械投降，说："大姐，您简直太会说话了！其实您显得很年轻呢，皮肤也很好，既然这样，我就为您介绍这套吧，这套化妆品原价300多元，现在特价180元，非常超值……"接下来，推销员友善地为马姐介绍了这套一百八的化妆品，而且与马姐相谈甚欢，丝毫没有因为马姐拒绝那套1000多元的化妆品而感到生气。

马姐在拒绝推销员的推销时，没有直截了当地不给他人留面子，也没有生硬粗暴地拒绝，而是采取了抬高对方、贬低自己的方式，让推销员虽然被拒绝了，心里却喜滋滋的。的确，有哪个姑娘不喜欢被夸赞年轻漂亮工作好呢！马姐的话成功地打动了推销员的心，让推销员对马姐的拒绝心服口服。

日常生活中，我们常常需要拒绝他人，也有可能在拒绝他人之后依然需要他人为我们服务。在这种情况下，一定要讲究拒绝的技巧，只有把话说得委婉动听，且给予对方恰到好处的赞美和抬高，才能让拒绝如愿以偿。

拒绝之前，先为对方找好台阶

任何时候，因为任何原因拒绝他人，我们都要保证不伤害他人的自尊。每个人都有自尊心，而且很多人的自尊心都非常强烈。在拒绝他人时，如果我们不讲究方式方法，而是粗暴无礼，则一定会伤害他人自尊，甚至导致他人与我们反目成仇，对我们心生怨恨。如此一来，我们不但失去了一个朋友，还多了一个敌人，可谓损失惨重。

在拒绝他人时，尤其是当他人是我们的亲戚朋友等关系亲密的人时，我们一定要讲究方式方法，必须顾全他人的颜面。很多人在拒绝他人时态度粗暴，方式强硬，因而导致他人自尊心受损，再也不把我们当朋友。其实，只要我们稍微用心一些，尽量采取平和的方式，这种局面就不会出现。众所周知，每个人下楼梯时都会踩着台阶，在拒绝他人时，我们也应该贴心地准备台阶，这样对方才不至于觉得自己从高处坠落，摔得鼻青脸肿。

当拒绝他人时，在把“不”字说出口之前，我们就应该先想好台阶。这样，不但能够给对方进行适当的心理铺垫，也能让对方有心理准备，不至于觉得突兀。也许有些朋友会问，什么才是台阶呢？直白地说，所谓台阶，就是一个合情合理的拒绝的理由，这个理由，应该是合情入理的，不至于让人觉得牵强附会；这个理由，应该是合理充分的，这样才不至于让对方觉得你是为了拒绝特意找出来的；这个理由，应该是非常真诚的，不应该虚伪，让人觉得生硬。总而言之，如果你支支吾吾地拒绝他人，而且说话模棱两可，或者是理由随随便便，都会让人觉得你是刻意拒绝，而非情不得已。

达达进入公司之后，非常勤快，不管有什么艰难的工作，他都争抢着主动承担，而且总是竭尽所能地做到最好。为此，领导不止一次地表扬达达："达达真好，认真踏实，不管有什么事情，只要交给达达，我都高枕无忧，他总能做到最好。"刚开始时，每当领导这么表扬达达，达达都觉得喜滋滋的，更觉得这是自己至高无上的荣誉。然而，随着达达的工作负担越来越重，他开始感到为难，因为他每天不但要处理分内的工作，还要处理领导随时交代下来的任务。渐渐地，达达开始觉得力不从心，有的时候，领导在下班之前突然有工作需要处理，也会交给达达。在连续加班好几天才忙完手里的工作之后，达达正准备准时下班，领导突然交代他："有个客户要个策划案，特别着急，就麻烦你晚上加班完成一下吧。"达达很为难地看着领导，直接拒绝的话，显然会让领导面子上挂不住，不直接拒绝呢，则又要继续加班。正在为难之际，达达突然脑中灵光一闪，说："领导，真是对不住啊，今天我的确有事情，我的准丈母娘今晚过生日，好几天前我女朋友就叮嘱我准备好礼物，准时去拜寿。今晚，我这个丑女婿要见丈母娘老丈人，还要见到他们家里的很多亲戚，实在是不敢造次。"听到达达这么说，领导马上表示理解，说："哦，这是大事，这是大事，耽误不得。你的礼物都准备好了吗？”达达点点头，说：“昨天中午利用午饭的时间，去隔壁商场挑选了一对纯金的耳环。”领导说：“那你赶快走吧，我来找别人完成这项工作。”说完，领导就走了，临走前还叮嘱达达在岳父母面前好好表现呢！

虽然达达说的理由再普通不过，但是这个理由合情合理，而且不容易让领导觉得难堪。尽管达达没有直接明确地拒绝领导，却能通过这件事情让领导意识到：达达也是有很多私人事情需要处理的。由此一来，领导在下次突然给达达加任务之前，一定会先思考一下是否会影响到达达正常的生活安排。

达达临时想起来的这个普普通通的理由，在拒绝时给了领导一个很好的台阶，让领导虽然被拒绝，却觉得合情合理，也不会对达达有什么意见或者想法。任何人都是很爱面子的，我们一定要更好地顾全他人的颜面，才能在拒绝他人时避免尴尬，才能让他人顺其自然地收回自己的不情之请。

找个好理由，巧妙拒酒

人们常说，人在江湖身不由己，其实，人在酒桌也是身不由己的，在中国，很多饭局里都离不开酒，似乎唯有喝酒才能助兴尽兴，也因此，人们在酒桌上总要劝酒。如果是在蒙古，更是有一个风俗，即必须让客人喝醉，才算招待好客人，虽然在其他的很多地方没有这个风俗，但是，让客人喝得尽兴，也是必须的。这就决定了人们在酒桌上或者作为主人劝说别人喝酒，或者作为客人被他人劝酒，甚至很多人认为饭桌上尽兴喝酒是必须的，而所谓的菜、饭等，才是辅助和次要的。由此可见，要想在酒桌上全身而退，我们必须学会巧妙拒绝他人的劝酒，既不伤害他人的面子，又能够做到保全自己，毕竟酒大伤身，经常喝醉酒对身体是没有任何好处的。

酒桌，虽然看似很小，实际上却是社会的缩影，尤其是当酒桌上的人员复杂时，我们就更要小心谨慎。通常情况下，既然到了酒场，除非是女士和司机，否则滴酒不沾是不太可能的，因而，拒绝他人时说自己不喝酒显然行不通，必须想想其他的理由。现代社会，有些男性有脂肪肝，在这种情况下推说自己身体有恙是个不错的选择，毕竟，任何时候都要以身体健康为第一。除此之外，还可以以酒席散场之后还有其他事情，或者喝醉了媳妇不给进屋为理由，不过，这些理由都不是很让人信服。在这种情况下，如果对方不依不饶，不如采取最恰当的表达方式，巧妙回绝他人。当然，还可以佯装接电话，或者去洗手间，躲开他人敬酒的高峰。

李峰是大家公认的酒仙，号称千杯不倒。但是，办公室里知道李峰酒品的人，都不愿意和李峰喝酒，因为李峰一旦端起酒杯，就会仗着酒量好，不停地敬酒。眼看着年会马上要到了，办公室里的同事们一想到要被李峰敬酒，都很发愁。

果然，宴席刚刚开始，李峰就端着酒杯开始敬酒。主任看到李峰的样子，赶紧说：“丑话说在前头啊，宴席刚开始，咱们不能暴殄天物。因此，我规定先大快朵颐地吃上半个小时，再说敬酒的事情。”听到主任这么说，李峰只好放下已经端起来的酒杯，拿起筷子开始夹菜吃。眼看着半个小时的时间要过去了，主任不停地接电话，因而李峰只好先敬别人。第一个是小王，看到李峰来了，小王端起杯子里的饮料，说："李哥，对不住了，最近在造人，滴酒不能沾。"听到小王的话，在座的都哈哈大笑起来，但是都表示理解。第二个是小李，小李为难地看着李峰，说："李哥，现在酒驾罚款两千不说，还要拘留半个月，你不想我进去吧？"原来，小李有先见之明，是开着车来饭店的。第三个是林丹，林丹说："李哥，我敬你吧，以茶代酒。自从前段时间和同学聚餐喝醉了，我的胃就不好，男友说要是再敢喝酒，就和我拜拜呢！我都大龄剩女了，你就允许我以茶代酒吧……"如此一圈敬下来，只有两三个人与李峰喝了酒，其他人都乐得自在，看到这样的情形，李峰索性说："算了，既然你们都不想喝，我就自己喝吧！"听到李峰这句话，大家如释重负。

对于一个总是不由分说向他人敬酒的人，大家一定会敬而远之。其实，在酒场上，如果不是为了应酬，实在没有必要喝得头昏脑涨，颠三倒四。酒，虽然少喝一些对身体有好处，但是一旦过量，则对身体有百害而无一利，因而，我们每个人都要控制自己，适度饮酒。

酒桌上，总是现出人生百态，有人在酒桌上喝醉了，哭爹喊娘，有人在酒桌上左右逢源，就是喝不醉。聪明人会把酒桌当成是一个微型的社交场，因而在酒桌上察言观色，游刃有余，最终广交朋友，且不会饮酒伤身。

拒绝他人，以"情"入手

"助人为快乐之本"，是人人都知道的一句话，但是，当别人前来要求协助时，难免会遇到自己力不从心的时候。想做个有求必应的好好先生或好好小姐并不容易，人们的要求永无止境，往往是合理的、悖理的并存，如果当面你不好意思说“不”，轻易答应了自己无法履行的职责，将会带给自己更大的困扰。

一部分人不敢对他人说出“不”字，也是有一定的心理原因的——当我们遇到他人对自己提出的要求时，有好大一部分人会感觉为难，拒绝又担心对方认为自己不够意思，接受吧，又感觉难兑现。其实，此矛盾的深层次问题在于自己未能形成一个系统的处事原则，即何事我必须要做，何事我可以选择去做。对必须要做的事，一定要尽力为之，而对于可以选择去做而又无能为力的事，就必须要合理拒绝了。

的确，拒绝就意味着将对方拒之门外，拒绝了对方的一片“好意”，有时会让对方很难堪，而如果我们能根据不同的场合和对象进行考虑，选择恰当的方法、以情动人地说出自己的理由，或者为对方寻求更好的解决方法，那么，即使是拒绝，对方也会感觉到你的情义。

人们拒绝他人的原因是多种多样的，或是力不能及，或是爱莫能助等。如果你不想因为拒绝而破坏你与对方的关系，那么，就不妨在你拒绝的语言中加入点情感的因素，但要注意做到以下几点：

1.语气平缓

除非是那些公认的无理要求，否则，你应当尽量语气平缓地拒绝，以免伤害对方的感情。

2.表达你的无奈

用真诚的陈述告诉对方，自己因为哪些原因而不能帮他，是帮不了或不便帮，而非不愿帮。

3.表达你的关心

为此，你需要向对方传递一个信息——“你虽帮不了他，但你还是为他遇到的问题感觉着急，并在内心里希望他能解决这个问题”，而非“事不关己，高高挂起”之意。

4.如果可以，尽量为对方提供一些建议或者解决问题的方法

当你自己无法伸出援手，但你又大体知道通过其他途径能实现问题解决这一目标的时候，你要站在对方的角度，围绕问题本身帮他找解决办法，并给出你的建议供他参考。只要你的建议质量较高，对方在没能得到你的亲自帮助的前提下，同样会对你心生感激之情的，至少不会怀疑你对他的情谊。

当我们对别人有所要求，或者与人沟通的时候，如果对方都能爽快的答应，我们必定心生欢喜；如果对方一再刁难，这个不行，那个不好，我们一定会感到此人不好合作，不通人情。为此，拒绝他人时，还可以从“情”入手，人类都是情感的动物，如果你能把拒绝的理由也说得有情有义，那么，不仅可以成功拒绝他人，甚至可以帮你赢得友谊。

过分的客气话，也是一种拒绝

在日常交际中，若对方是初次见面的陌生人，我们会使用较多的客气话，以此拉开彼此的距离。适当的客气话可以展现一个人的修养与素质，但过分地使用客气话，就会阻碍彼此的亲切感。也正因为如此，在某些时候，我们可以通过说过分“客气礼貌”的话来拒绝与别人的交往，

故意拉开彼此的距离，令对方主动退却。我们可能都有这样的经历，如果自己到一个朋友家里，朋友却对自己异常客气，对于你说的话，对方只会“嗯”“啊”“哦”来回答，甚至和你说话时也是满口客气话，唯恐你不高兴，担心会得罪你，这样一来，你一定会觉得如芒刺在背，坐立不安，甚至想逃离这个地方。其实，这就是“过分”客气话达到的效果，当然，朋友可能并不是想以此来疏远你，而是客气话运用得不恰当。然而，我们则可以从中得出一个结论——当你不想与某人继续交谈下去的时候，不妨以“客气礼貌”的话来令对方自退。

习惯于说礼貌客气的话，实际上会给别人一种心理暗示：我与你是有一定的心理距离的，或者，我不愿意与你继续交谈下去。大多数人都有这样的经历，只有在面对陌生人的时候，我们才会说那么多客气礼貌的话，而对于那些熟悉的朋友，我们会自然地省去这些繁文缛节。谈话的目的在于沟通双方的感情，增加彼此的兴趣，当你不想与对方继续交流下去时，就可以在你们之间建立一堵“墙”，而客气礼貌的话恰好可以达到这样的效果，这样一来，对方只能隔着墙作一些简单的敷衍酬答，最后会选择主动离开。

小王是一位十分帅气的男孩，他在一家美发店工作。由于长相出众，许多女孩子都慕名而来，成了他最忠实的顾客。可是，小王自己则吃了不少苦头，自己是有女朋友的，但许多女顾客屡屡“求爱”，甚至在深夜给他发内容暧昧的短信，而且，女朋友为了这事与他冷战了很长一段时间了。为了与那些女顾客疏远距离，小王开始频繁地使用客气话，“好的，非常谢谢您的惠顾，您慢走！”他对经常上门的老顾客也不会稍微少讲一句客气话，这样的称呼让许多女顾客感觉不到亲切感，甚至觉得小王的态度有些冷淡。于是，在每次做完头发之后，那些之前“示爱”的女顾客都很有礼貌地告别了。过了一段时间，小王就再也没有收到过内容暧昧的短信了，他和女朋友也和好如初了。

在交际中过多地使用客气礼貌的语言，可以为你“赶走”一些不喜欢的人，因为客气的语言会让对方感到生疏，继而感受到一种心理压力，最后他不得不选择退却。如果你不想与对方继续交谈下去，不妨使用客气的语言，通过语言暗示对方“我不愿意与你交谈下去”，当然，如果是熟识的朋友，客气话就不能说得太多。

偶尔说一些过多的客气话，会成为你的社交利器。比如，当你在朋友面前说客气礼貌的话语时，这是令朋友窘迫的最好武器；当你成为主人的时候，客气话又成为最好的最高明的逐客令。客气话比大骂一顿更奏效，如果你怕对方会干扰到你，那你就拼命地跟他说客气话，临走时别忘了请他“有空再来”，但是他绝对是不会再来的。

1.“公式化”的客气话

为了使对方主动退却，你要选择那些十分刻板的客气话，比如，“久仰大名，如雷贯耳”“贵店生意一定兴旺发达”“小弟才疏学浅，还要请阁下多多指教”等。当你说出这些公式化的客气话时，对方一定会主动闭嘴的。

2.“夸张”的客气话

当同事为你倒了一杯茶，想以此讨好你的时候，你可以故意夸张，“呵，谢谢你，真对不起，这点小事不该麻烦你，真让我过意不去，实在太感谢了……”如此说一大串客套话，让对方领会到你的“敷衍”之意。

3.“流水般”的客气话

为了展现出你“敷衍”的态度，在说客气话时要像背唐诗一样流畅。另外，还需要增加一些身体语言，比如，过度地打躬作揖，摇头摆身作态来辅助自己说客气话的表情，以“不雅观”的动作来展现自己的“虚假”，令对方主动退却。

第 07 章

懂心理，批评话说得不惹反感

与赞美的话不一样，每个人都不喜欢听批评的言语，那意味着对自己的否定。所以，沟通言语中，批评的话更难以说出口，这需要人们在批评时，尽可能站在对方的角度，照顾好对方的自尊心，这样才能把批评的话说得不惹人反感。

含蓄批评，维护对方的自尊

不得不说，绝大多数人都是好面子的，人们都喜欢被赞扬而讨厌被批评，因为批评意味着被否定。因此，生活中的人们，无论你批评的对象是谁，都要委婉指正，说得太直接会伤到他人的面子，这样他会对你产生反感，话说得太直接只会伤害自己和他人之间的友谊。

心理学家曾经做过这样一个实验：让两个公司的负责人分别来批评迟到的员工。第一个负责人把迟到者叫到了跟前，劈头盖脸一顿臭骂，而第二个负责人则当什么事情也没有发生，只是在公司内添置了一个钟表。结果，第一个公司里仍然有人不断地迟到，而第二个公司里再也没有发生过员工迟到的事情。

同样是表达对下属的批评，采取的方式方法不同，最终的结果也不同。心理学专家是这样解释这种现象的：通常，人在受到别人的攻击时，出于本能，会产生反抗的心理，受到的攻击和压制越强，这种反抗的心理就会越强，这就是心理学上著名的“逆反心理”。基于人的这种心理，生活中的人们，在表达批评的时候，尽量地委婉一些，维护别人的自尊，降低对方内心的反抗情绪，才能更好地达到改正的目的。

方小姐是一家公司的销售经理，她的工作与公司客服部有着密切的联系，最近她对客服部的工作态度以及工作效率极不满意。对此，在公司的例会上，她就客服部的工作提出了自己的意见，但是，方小姐说话的方式太直接，她本来是对客服部提出意见的，后来就变成了她要求客服部按照她想要的方式去处理事情。她的说法客服部的人听不进去，老板将她的这种意见当成是对客服部宣泄不满情绪的一种方式，对客服部进行了批评教育，而且批评得很严厉。

在这之后，客服部的人在工作中就不再像以前那样配合她了，对她也产生了一些抵制情绪。由于少了客服部的配合，方小姐在工作中也没有以前那么得心应手了，工作变得困难重重。但是，方小姐不知道客服部的人为什么会变成现在这个样子，难道只是因为自己提出的让他们改善工作状态的意见吗？其实，方小姐自己认为的“意见”，在他人看来却是“投诉”，这两者是有极大区别的。

方小姐就是因为自己说话太直接，才造成了自己工作上的尴尬——得不到同事们的配合，工作无法顺利进行。如果方小姐当时将自己的意见用较为委婉的话表达出来，那么现在也就不至于让自己陷入这尴尬的境地了。

研究表明：每个人内心都希望人格得到别人尊重，即使是犯了错误也不例外。这时候，倘若能委婉一些，把尊重送达出去，别人内心多会因为感激而顺从，而不至于因为不满而对抗，因而，在表达批评的时候，要委婉一些，避免激起对方的逆反心理。

那么，在批评别人的时候，如何才能做到委婉一些呢？

1.批评的时候对事不对人

很多时候，我们能接受别人批评自己不会做事，却不能接受别人批评自己不会做人。在批评别人的时候，很多人稍不注意就用了人身攻击的言语，结果遭到对方的反击，因而，言语上一定要注意，要针对对方犯的错误，不要针对人进行批评。比如，你可以说“你不应该这么草率”或者是“这样做大错而特错了”，不要说“你是白痴”等。

2.批评时要注意场合

人都好面子，都希望能在别人面前留个好的印象，因而，在批评别人的时候，一定要注意场合。一般情况下，在人多的时候不宜表达批评，即使表达也要单独进行，尤其是批评男人，在人多的场合，即使语气再平和，也会受到对方的反击，对方受到的伤害不仅源于你的批评，更主要的是别人的嘲笑和议论。

3.批评要实事求是

如果一个人真的犯了错误，那么受批评也是情理之中的事情。但是如果你没有任何的证据，就对别人大呼小叫，试想，谁愿意受这个冤枉呢？因为对于大多数人来说，受批评是小事，被冤枉却是大事。比如，你的钱包丢了，你怀疑是舍友拿的，在没有人证的情况下，最好别询问和指责。

研究表明：在面对批评的时候，人的内心之中有个“反弹指数”，一般情况下，人们受到的批评越强烈，这个反弹的指数会越大。当然，反弹指数不超过一定的“限度”，人是不会进行奋起反击的，“反弹指数”的“限度”也是人们内心的最终需求，那就是保证人格和尊严的完整。

批评时善于表达关怀和爱

人都是害怕责备的，心理学家表示：人在受了责备之后，内心之中会产生抵触和对抗的情绪，甚至会有逆反的心理，这时候如果能得到对方的安慰，内心的抵触和对抗就会大大地降低。可见，在批评别人时，我们要善于把我们的关怀和爱表达出来，温暖对方的心。

心理学家做过这样一个调查实验：让三个母亲分别去批评她们逃了学的孩子，第一个母亲把孩子劈头盖脸地骂了个狗血喷头；第二个母亲则对孩子说了很多好话；第三个母亲也狠狠地训斥了孩子，然后又对孩子好言相劝。结果，第一个孩子逃学逃得更厉害了，第二个孩子也在继续逃学，只有第三个孩子不再逃学了。

同样是对孩子进行批评教育，三个母亲采用的方式不一样，结果也不一样，这究竟是为什么呢？心理学家分析了这种现象：犯了错误之后，人们的心里对于惩戒有一个心理期待，当得到的指责和批评超过心理期待，就会产生逆反心理。当得不到任何的指责时，就会错误地认为不会受责罚，犯错也会继续。如果批评指责之后，再给予鼓励和帮助，让他们受了伤害再得到安慰，他们往往会积极地改正错误。基于人们的这种心理，在批评和教育的时候，要软硬兼施，“打一巴掌再给个枣”，这样才能从根本上达到教育的目的。

在生活里，这样的例子非常多。

杨女士有个正处于青春期的女儿，这天晚上，孩子一晚上没回家，她和丈夫非常着急，四处寻找，结果没有任何人知道她的下落。第二天，当女儿走进家门之后，杨女士二话没说，走过去就是一记耳光，当天晚上，杨女士罚她不许吃饭。到了午夜，杨女士打开了女儿的房门，面对惊恐不安的女儿，她端来了自己亲自下厨做的鸡蛋面，摸了摸女儿的脸，问：“还疼吗？”女儿摇了摇头，杨女士说：“赶紧吃了吧，别饿坏了身体。”顿时，女儿哭着喊道：“妈妈，我错了。”

这里，如果杨女士没有为女儿做饭，可能女儿会恨她一辈子，她的关怀让女儿内心的委屈得到了适当的安慰，因此，女儿的怨气顿时烟消云散了。

的确，人在受了批评之后，内心会产生抵触和对抗的情绪，觉得别人伤害了自己，并因此对批评者产生憎恨。这种情绪会严重地影响批评者和被批评者之间的感情，因此，在指责和批评了别人之后，要及时地表达你的爱和关怀，温暖他人的心，减弱对方内心的怨恨情绪，这样才能达到防微杜渐的目的。

那么，在批评的时候究竟该如何做到软硬兼施呢？

1.当众批评之后，单独表达歉意

有些时候，批评要当众进行，这样不但能教育别人，也能给犯错者留下深刻的教训。但是，毕竟当众被批评会很没面子，很多人受不了，所以，在批评之后，要单独找个机会，向对方适当地表达你的歉意。比如，有员工总是迟到，作为老板，你就要当众批评，然后再告诉员工，没有办法，不得不这么做，员工理解了老板的无奈，心里便不会再有怨气。

2.严厉谴责后，由他人关怀慰问

当你的谴责过于严厉，远远地超出了对方的心理承受能力时，势必会给犯错者造成心理的伤害。这时候，批评者要找一个合适的第三者出来，传达关怀和慰问，让被批评者受伤的心得到及时的安慰。例如，身为母亲的你批评和责骂了女儿，在适当的时候你就要让孩子父亲出来安慰孩子，化解孩子对你的不满和怨恨。

3.给予惩罚之后，及时好言相劝

很多时候，被批评者心里有不满，总觉得犯了一点小错误不至于受这么严厉的惩罚，因而内心之中对批评者怀有不满情绪，甚至会出现逆反心理，和你唱对台戏。因此，你最好在惩罚之后及时地和被批评者进行沟通，对其好言相劝，让对方在做事情的时候多动脑筋，把事情做好，少犯错误。

当然，要做到以上三点，需要我们控制好自己的脾气，稳定自己的情绪，你可以先冷静5分钟，等到能够平静地面对对方了，不妨试试把疾言厉色的批评或苦口婆心的劝诫换成情真意切的关怀。

先表扬，后批评，再表扬

俗话说，人无完人，生活中的人总会犯这样那样的错误。这就涉及了批评的艺术，真正有口才的人绝不会不顾对方感受、劈头盖脸一顿臭骂，而是会掌握批评的艺术，让对方心甘情愿地接受。

有一种三明治批评法，比方说，有的人遇到一件事情，事情做得不够好，大多数情况下，直接去批评的话效果一定不好，对此，要先使用赞美，然后使用小小的批评，最后再去赞美。众所周知，三明治中间一般都是最好吃的东西，把批评指正放在赞美的中间，批评也就容易被下属消化了。

美国著名的女企业家玛丽·凯·阿什就善用“先表扬，后批评，再表扬”的三明治做法，使用这一批评方法，使得她在管理下属上收到了理想的效果。在接受媒体采访时，她是这样说的：“批评应对事不对人，在批评前，先设法表扬一番，在批评后，再设法表扬一番。总之，应力争用一种友好的气氛开始和结束谈话，如果你能用这种方式处理问题，那你就不会把对方臭骂一顿，也就不会把对方激怒。”

生活中的我们也应该学习玛丽·凯·阿什的这种批评方法，你应该努力发现对方的一些闪光点，你给下属一些阳光，他会还你一片灿烂。

阳女士是某外企的公关部经理，公关部是公司的门面，自然对员工的穿着都有一定的要求。但这天，新来的刘小姐身着一身街头服饰，对此，阳女士不能不管，但她并没有直接批评小刘，而是这样委婉地说：“嘿，小刘，今天的发型很漂亮啊（第一步——赞美），如果配上咱们公司的职业装（第二步——其实是批评），你会更精神更漂亮（第三步——赞美）！

这种批评方式就是“三明治批评法”，之所以称之为“三明治批评法”，是因为它就像三明治，在面包的中间夹着其他东西。使用这种批评方法，被批评的一方会觉得自己受到了激励，也就能心平气和地接受批评了。

的确，批评本身就不是一件愉快的事情，所以我们应该注意自己在批评时的态度，即便有些个人成见，也要始终保持友善的气氛。那么，具体来说，我们该如何使用“三明治批评法”呢?

1.在提出批评之前，先对对方充分肯定

这有助于减轻他的恐惧心理，然后适时地提出批评，让其理智地思考自己的过错，而不是陷入情绪的对抗当中，最后再次给予肯定和表扬。

2.不要伤害部下的自尊与自信

批评要把握一个核心，就是不损对方的面子，不伤对方的自尊。例如，“我以前也会犯下这种过错……”“每个人都有低潮的时候，重要的是如何缩短低潮的时间”“像你这么聪明的人，我实在无法同意你再犯一次同样的错误”“你以往的表现都优于一般人，希望你不要再犯这样的错误”。

3.批评同类错误来加以影射

如果别人犯了错误，你又不好意思直接指责和批评，不妨批评和对方所犯的错误同类性质的错误，把你的不满和指责委婉地传递给别人。因为没有所指，所以没有针对性，即使对方不愿意听，或者是有想法，也不会有直接的反击。但是，由于所批评的错误和对方有同类性，所以即使是最笨的白痴，也能感受得到这份责备。

4.友好地结束批评

没有人喜欢被否定，因此，批评不当，很容易让对方感到一定的压力，对其造成心理负担，甚至令其对你产生对抗情绪。为了避免这一点，你可以在批评结束时以友好的态度表明你的期望，比如：“我相信你一定能做得更好。”这是一种鼓励，而如果你说“今后不许再犯”，那么，对方势必会认为这是一种警告，那么，这无异于另一次打击。

三明治批评法就如三明治，第一层总是认同、赏识、肯定、关爱下属的优点或积极面，中间这一层夹着建议、批评或不同观点，第三层总是鼓励、希望、信任、支持和帮助，使之回味无穷。这种批评法，不仅不会挫伤对方的自尊心和积极性，而且会使他们积极地接受批评，并改正自己的不足方面。

鼓励代替指责，对方更易接受

心理学家做了这样一个测试：让两个妈妈分别带着孩子去郊外散步，当两个孩子追逐嬉戏的时候，不约而同地摔倒在地。一个妈妈走上前去，斥责道："你咋回事啊？怎么这么不小心啊！"孩子趴在地上哇哇大哭起来。而第二个妈妈则没有指责和批评，而是拍了拍手说："宝贝，站起来，跌倒一次没什么，在妈妈眼里你永远都是最棒的。"孩子爬起来，拍了拍身上的土，嘻嘻哈哈地跑开了。

同样是面对跌倒的孩子，一个妈妈用指责去批评，而另外一个妈妈用鼓励的言辞去"批评"，结果，两个孩子的表现截然相反。心理学专家解释了这种现象：当人在犯了错误之后，担心会受到外界的批评而心生恐惧，同时，也因为遭受了挫折而感到委屈。在这种复杂的情绪之下，指责只能使恐惧变多，委屈变大，相反，鼓励则能让恐惧变少，委屈变小。这就是为什么两个母亲采取的方法不一样，两个孩子有不同的表现。基于人们的这种心理，在表达批评的时候，不妨用鼓励代替指责，这样会收到更好的效果。

唯一蝉联三次世界冠军的天才教练蓝柏第挑出了一位身材高大的后卫，叫作卫杰瑞，可是在比赛中，他屡屡失误，以至被迫下场。教练把他叫到跟前，训斥说："你是个拙劣的运动员，你没能阻止住对方的进攻，你完了！"后卫沮丧地走进了更衣室。过了一会儿，当蓝柏第走进更衣室的时候，看到后卫在低头哭泣，他走上前去，用手臂环绕在后卫的肩膀上，说："孩子，你是一个拙劣的运动员，然而，凭良心说，我应该告诉你，你自己的内心有一个伟大的橄榄球运动员，我正要紧紧地抱住你，直到你内心的运动员有机会站出来，并且申明他是一个伟大的橄榄球运动员为止。”这些话让卫杰瑞感动不已。

面对后卫卫杰瑞的拙劣表现，蓝柏第并没有继续指责他，而是改用鼓励的方式，让他对自己充满信心，事实上，也正是因为有了蓝柏第的鼓励，才出现了历史上的天才球星。著名的心理学家威廉·葛莱瑟说：“批评是管教孩子最糟糕的方法。”因为，当一个人做错事之后，内心之中更渴望得到别人的理解和鼓励，而不是严厉的斥责，鼓励能让他重拾信心，而斥责则会让人更加灰心。

生活中，这样的例子非常多。这天，女儿正在专心致志地练习书法。爸爸走上来看了一眼，抚摸着女儿的头，说：“很不错，继续努力。”听到这话以后，女儿的心里美滋滋的，练起字来更加地认真仔细了。过了几分钟，妈妈凑上来看了一眼，说：“真难看，你都二年级了，字写得这么难看，我到你这么大的时候，字写得可漂亮了。”女儿很不高兴，她嘟囔着说：“爸爸都说我写得好看呢。”妈妈笑着说：“那是因为你爸爸怕你不高兴，才这么说的。”女儿生气地把笔一扔，说：“我不写了。”同样是对女儿的指导，爸爸用了鼓励的方式，妈妈用了批评的方式，结果截然相反。可见，用鼓励的言语去批评别人能更好地达到改变的目的。

那么，究竟如何用鼓励的言语去批评对方呢？

1.肯定对方的积极态度

不管对方是犯了错误，还是失败了，他的努力付出是抹杀不掉的，这时候，与其去指责他，倒不如肯定对方的积极态度，让他更加有信心。比如：代表班级参加比赛的同学没有拿到名次，不要怪罪他能力不行，而要肯定他的努力付出，这样，对方内心的愧疚和难受也会得到适当的减弱。

2.把你的希望和寄托说出来

尽管别人的表现与你期望的还有一段距离，但是这时候不要责怪别人，在对对方肯定的同时，把你的希望和寄托说出来，让对方明白自己还有多远的距离。比如，孩子的字写得很难看，你与其指责，不如说："你已经写得不错了，要是再耐心一些，认真一些，效果会更好。"这样，你的鼓励会让孩子更加有信心。

3.为对方绘制一幅蓝图

很多时候，我们之所以不懈地努力，是因为我们对自己的优秀深信不疑。当对方做错了事情，或者是遭遇到了挫折时，与其批评指责，不如告诉他，他是个了不起的人物。这样，别人的心里会重新燃起熊熊烈火，事实证明，信心对一个人的成功有非常重要的作用。关键时候，不妨为对方构制一幅蓝图，让他对自己充满信心。

研究表明：当一个人被人批评的时候，内心往往会充满恐惧和担忧，还会因此而怀疑自己，容易产生自卑的心理，不利于更好地改变。相反，当受到鼓励的时候，内心的恐惧和担忧会慢慢地消除，他会在对自己深信不疑的前提下，继续寻求进步和努力。可见，在一个人犯错的时候，鼓励要胜于批评。

表达担忧，让批评直抵对方内心

心理学家做过这样一个实验：让母亲前后三次去劝说女儿放弃与男朋友的交往。第一次，母亲不断责骂，企图让女儿屈服，可是女儿宁死不屈；第二次母亲苦口婆心地好言相劝，女儿依旧不买账；第三次，母亲语重心长地说：“他没有正当的工作，家境又很贫寒，你说你以后该怎么生活啊！”说着，抹起了眼泪，最终，女儿答应了母亲，放弃了男朋友。

同样是劝说，为什么前两次遭到了女儿的反对，而第三次却取得了成功呢？心理学专家分析了这种现象：在人的内心中，都有个“自我意识”，觉得自己是最重要的，自己的想法是最正确的，最符合“自我需要”，而别人则无法理解自己。于是，在别人劝阻的时候，人们会出现“捍卫自我”的对抗和抵触情绪，但当明白了别人在为自己担忧之后，内心会形成“自己人”的感受，因而会妥协。基于人们的这种心理，在批评劝说的时候，不妨设身处地地为对方着想，把你的担忧表达出来，让批评直达对方的内心深处。

在生活中，这样的例子非常多。男孩平日里不会照顾自己，什么事情都要依靠父母，母亲批评他说：“你都是大小伙子了，为什么不自己学着做饭、洗衣服呢？你看看你整天脏兮兮的，多丢人啊！”男孩一副无所谓的样子。母亲语重心长地说：“你不学习着照顾自己，将来离开我和你爸爸以后，该怎么办啊？你这个样子，哪个女孩子能看上你啊！”男孩惭愧地低下了头，从那以后，男孩主动学习照顾自己了。母亲为男孩的担忧，深深地触动了他的心，尽管是在表达批评，其实却是在传达爱和温暖，因而取得了良好的效果。

那么，究竟应该怎样在批评的时候表达对对方的担忧呢？

1.多从事情的后果上考虑

既然做错了事情，那么结果一定不是很好。在表达批评的时候不妨多从事情的结果上考虑一些，这样往往能让你的批评显得温暖些，对方会觉得你是在为他着想，内心的抵触情绪也会减弱很多。比如，你的家人不小心撞伤了人，你表达的时候不妨说：“你说这个事情到底怎么办才好呢，你怎么不小心一点呢？”

2.为对方的前途表达担心

俗话说：“人无远虑，必有近忧。”一个人犯了错误，对他的成长和发展或多或少地会有影响，因而，在表达批评的时候不妨对对方的前途表达担心。比如，母亲在批评孩子不专心学习时，要这样说：“你现在不好好学习，你将来要去干什么啊！”看似在表达批评，其实却包含着温暖和关爱。

3.在亲人的情感上给其心理负担

人往往对亲人的感情很深，如果做了对不起亲人的事情，良心会受到谴责。这时候，在表达批评的时候，不妨把亲人拉进来，以亲人的期盼为由头，促使对方改正和进步。比如，一个孩子早恋了，老师在批评的时候可以这样说：“你爸爸妈妈知道了会有什么样的想法？你对得起他们吗？”这样的话语往往会让早恋者悬崖勒马。

研究表明：人对“爱”往往会表现出欢迎和接纳，尽管这种“爱”表达的方式是批评和责怪，被批评者的内心也会倍感温暖，而不至于产生对抗和抵触情绪。相反，如果与被批评者没有了这层“关系”，那么就会遭到对方的心理对抗。由此可见，在批评别人的时候，不妨说出对对方的担忧，表达出对对方的“爱”和“关怀”，从而更好地达到批评的目的。

适当地自我批评，增强批评他人的效果

没有人愿意被他人批评，大多数人都喜欢听到他人对自己的赞美，而不愿意被否定。但是，人非圣贤，孰能无过，人生从婴儿呱呱坠地开始，实际上就已经开始了不断犯错的过程，人也正是在不断犯错和改正错误的过程中成长起来的。那么，当我们面对犯错的孩子、家人或者朋友、同事时，难道就因为对方不想被批评，所以始终保持沉默，任由对方在错误的道路上越走越远吗？

当然不是，人之所以在错误中成长，并非因为错误本身能够使人成长，而是因为人们犯错之后得到了批评和指正，所以才能及时改正错误，让自己在人生的道路上更进一步，从这个角度而言，确切地说，人是在不断改正错误的过程中进步和成长的。那么，有没有什么方法能够使他人乐于接受我们的批评，而且对我们的批评心服口服呢？除了采取恰到好处的方式批评他人之外，我们也需要摆正态度。

细心的人会发现，当我们义正词严地批评他人时，他人一定会对我们心生不满，甚至对我们心怀怨恨，导致我们的批评效果也不好。假如我们能够采取迂回曲折的方式，在批评他人之前先进行自我批评，那么哪怕我们非常严厉地批评他人，他人也无法否定我们，更不能因为我们的批评就和我们闹意见。毕竟我们是先批评了自己，以身作则，勇敢地承担责任和反思之后，才客观公正地指出他人的错误的。这样一来，他人自然无法和

我们闹意见，更不可能对于我们的批评过于抵触。要知道，批评并不是为了发泄情绪，也不是为了让被批评者丢掉面子，而是希望被批评者能够积极反思自己，取长补短、扬长避短，对我们的批评有则改之，无则加勉，只有被批评者取得进步，我们的批评才算达到效果。

作为一个10岁孩子的妈妈，张梅一直因为儿子的教育问题感到头疼。儿子小时候尚且还好，对于妈妈的教诲能够记在心里，而且积极改正，但是随着越长越大，儿子也有了自己的小心思，自主和独立意识越来越强，所以对于妈妈的批评总是不以为然，有的时候还很不服气呢！

有一天，张梅因为头一天加班工作太累了，第二天居然起晚了，没有及时叫儿子起床，再加上起床之后，儿子一直磨磨蹭蹭，导致最终上学迟到，儿子被老师狠狠批评了一顿，还和另一个迟到的同学一起被罚站了。晚上回到家里，张梅没有像以往一样直接批评儿子动作太慢，而是先进行自我批评，主动向儿子承认错误："儿子，今天大部分责任都在妈妈身上，是因为妈妈起晚了，所以没有及时喊醒你。"儿子听到妈妈居然在向自己道歉，觉得非常诧异。在得到儿子的原谅后，张梅又说："不过，我觉得如果你的动作能够更加快速一些，那么我们很有可能不会迟到。你看到过部队里的人都是如何做事情的吗？很多新兵入营，都会被半夜集训，他们被要求在几分钟内穿好衣服，打好背包，这听起来很难实现，但是只要努力去做，还是有可能做到的。当然，你还小，也不是新兵，妈妈不会这么要求你，妈妈只是希望你能稍微快一些。毕竟早晨的时间很紧张，如果你想多睡一会儿，那么起床之后你就要加快速度，节省时间，你觉得呢？"以往，每次被妈妈批评，儿子都会非常抗拒，但是这一次，儿子显得非常体贴，居然主动向妈妈承认错误："妈妈，的确是因为我动作太磨蹭了，你放心吧，我以后会努力更快一些的。”看着突然间变得懂事的儿子，张梅觉得欣慰极了。

其实，儿子并非突然变得懂事了，而只是因为张梅的自我批评给儿子做出了好榜样，使得儿子也能够主动反思自己，从而更加深刻地意识到自己的缺点和不足，也能够心甘情愿地积极改变。任何情况下，我们都要设身处地为他人着想，千万不要不分青红皂白地就呵斥他人，否则，他人或许会因为受到误解心灵受伤，或许会因为记恨我们而变本加厉。

自我批评，首先表现了我们对于某件事情的态度，当我们展示了态度，他人才会对我们的批评显得更加宽容和理解，才不会因为我们对他们的批评产生逆反心理，甚至导致事与愿违的结果。因而真正明智的人，在批评他人之前，都会进行适当的自我批评，以此增强批评他人的效果，使得他人乐于接受他们的批评，更能够积极主动地改变自己。

第 08 章

懂心理，求人话说得真诚暖心

生活中，谁都有个求人帮助的时候。无论是生活还是工作，求人办事是谁也无法回避的问题，可为什么有的人办事顺风顺水，有的人办事却磕磕绊绊呢？这在于说话的技巧，懂心理才能把求人的话说得真诚暖心。

以情动人，有效打动对方

生活中，时时刻刻都需要运用心理学，深谙心理学，说话也能让人心悦诚服，办事也能让人竖起大拇指，即使是求助，也能如愿以偿。既然每个人都是普普通通的凡人，不是万能的神，那么，每个人都难免会遇到困难，也都需要得到他人的援助。尤其是当困难大到超乎我们的想象，即使竭尽全力也无法战胜时，我们就必须借助于他人的力量。常言道，星星之火，可以燎原，只要众多的火焰团结一致，就能凝聚成巨大的力量。

人，总是各有所长，一个人不可能擅长所有的方面，如果需要处理的问题恰恰不是我们所擅长的，那么我们不如求助于擅长这个问题的人，如此一来解决问题的效率就会成倍增长。尤其是在这个以人脉关系为重要资源的社会，甚至有人说一个人成功的概率与他求人办事的次数呈正相关。虽然这句话未必绝对正确，但是的确很有道理。为什么那么多富二代明明上学时成绩很差，但是一旦走出校园，就能呼风唤雨呢？就是因为他们借助于父辈的积累，享受着得天独厚的人脉资源，不管遇到什么困难，对他们而言也许就是一个电话搞定的事。很多事情在普通人眼里简直难于上青天，在他们眼中却再简单不过，也因此，富二代从一出生开始，就比普通的人民子弟占据更有利的优势。通常情况下，我们求助的人都是比我们更强大的人，因而，我们只有以情动人，打动对方，才能如愿以偿地获得帮助。很多情况下，只要你一句话说得打动人心，对方就不会计较回报，而是讲义气地把你的事情当成是他自己的事情去办。需要注意的是，求人办事之前，首先一定要多了解对方，这样才能避免说错话，做错事，或者是与他人话不投机。其次，为了与对方的交谈更加愉快，也可以说些让对方高兴或者是对方感兴趣的事情。最后，既然我们是求人办事，当然不能趾高气昂，适当地降低姿态，说些感动他人的软话，是很有必要的，只有从心理上打动对方，你才能得到对方真心诚意的帮助。

20年前，刘妈四处筹集了1000元钱，给准备去北京打拼的三弟一家作为盘缠和启动资金。到了北京之后，三弟和妻子一起奋斗，起早贪黑，终于有了自己的一个服装摊点，在随后的几年里，他们更是稳扎稳打，不但赚了钱，还在北京买了房子，安了家。此时，三弟已经不是几年前那个连1000元盘缠都要刘妈四处拼凑的人了。

后来，刘妈的儿子考入了北京的一所大学，因为学费昂贵，刘妈根本没有钱供养儿子，这时，刘妈想到了在北京的三弟。她给三弟打电话说：“三弟，你们在北京还好吗？生意好做吗？”三弟说：“还好啊！不过，钱没有以前好赚啦。嫂子，你有什么事情吗？家里好不好？”刘妈没有回答三弟的问题，而是继续说：“日子再难，也比当初你刚去北京的时候强多啦。想当初，家里穷啊，你没有盘缠，我们也是连1000元钱都没有，只好四处去借。”三弟也感慨万千：“是啊，嫂子。当初要不是你，也许我们就来不了北京了，真是穷得连车费都没有呢！嫂子，我哥的身体怎么样呢？”刘妈：“你哥身体挺好的，也总惦记你们在北京过得好不好，最近，你哥也发愁呢！二子考上了北京的一所大学，但是学费要1万多元，连借钱都没地方借。”这时，三弟停顿一下，说：“嫂子，这样吧，我给你凑1万元钱。缺的零头，你自己再想想办法，行不行？二子要来北京上学太好了，到了我家门口，你就放心吧，我一定会多多照顾他的。”刘妈赶紧说：“那太谢谢你了！我这就告诉你哥，让他也别再煎熬了。”

刘妈很聪明，在准备向三弟开口借钱时，她并没有直截了当地说出来，而是带着三弟忆苦思甜，想起了当初他去北京创业时的艰难。因而，当刘妈装作漫不经心地把二子考上北京学校的事情说出来时，三弟马上就知道了刘妈的心思。对于这个在最困难的时候帮助过自己的嫂子，三弟知恩图报，主动说帮忙凑齐1万元钱。本是求人办事，却让被求的人主动给予帮助，最终皆大欢喜。

不管遇到什么事情，在求人办事时，我们都应该以情动人，这样对方才能心甘情愿地帮助我们。如果求的是官位比自己高的、有权有势的人，则也可以适当示弱，说明自己的困难，从而让对方产生同情心，尽力帮忙。人生在世，有谁能说自己万事不求人呢！在必须求助时，我们如果能够运用心理技巧，以最恰当的方式表达自己的求助之心，则一定能够如愿以偿。

适时铺垫，再说自己请求

正如一位名人所说，这个世界上没有两片完全相同的叶子，同样的道理，这个世界上也没有性格完全相同的两个人，即使是一母同胞的双胞胎，虽然长相看起来让人难以辨别，两人的性格也是大相径庭。如此一来，也就决定了我们在与不同的人说话时必须采取不同的策略。有些人不分情况，总是喜欢开门见山；有些人不管说什么事情，都要迂回曲折。当然，并不是说开门见山不好，也不是说迂回曲折就一定是最好的，如果你面对一个脾气急躁的土匪，却依然迂回曲折地哀求活命，只怕土匪还没听完你啰里啰唆的话，就直接送你见阎王了；相反，如果你遇到了文质彬彬的学者，却满口粗话，说话一点儿弯都不拐，则一定让学者难以接受。倘若把对付土匪和学者的方式调换一下，也许就刚刚好了。

根据交谈的对象，选择最适合其特征的表达方式，这是最重要的。需要注意的是，大多数情况下，开门见山虽然好，但是如果没有事先铺垫，则往往让人觉得突兀，甚至无法接受。尤其是求人帮忙办事，一定要提前进行铺垫，这样对方才不会因为事出突然，一时之间不知应该作何反应。

小昂已经28岁了，独自一人在大城市生活。说独自一人，是因为小昂的父母和兄弟姐妹都不在本地，不过，小昂也并非完全孤独，因为他的姑姑一家就在这所城市生活。所以每隔一段时间的周末，小昂就会买些礼物去看望姑姑一家，顺便也尝尝家常菜的味道，解解馋，就这样，小昂与姑姑一家人相处得很好。

最近，小昂谈了个女朋友，已经到了谈婚论嫁的阶段，不想，丈母娘唯一的要求就是让小昂买房。其实，丈母娘说的也有道理：钱多钱少，都可以过日子，但是如果没有地方住，总不能睡大路去。在丈母娘的一通大道理下，小昂只得和父母说了这件事情，然而，父母一辈子面朝黄土背朝天，根本没有办法为小昂提供经济支持。左思右想，小昂觉得姑姑一家人都是吃国家饭的，手里应该有闲钱，因而，他在周末时带着很多礼物，再次来到姑妈家。也许是因为不好意思，也许是因为内心自卑，小昂决定开门见山地直抒胸臆。见到姑姑，刚刚坐在沙发上不到1分钟，小昂就直截了当地说："姑姑，我想和你借钱买房。"小昂这句话一出，屋子里的气氛陡然变了。姑姑半晌没有说话，姑父说："你怎么突然要买房，之前没听你说过啊！"小昂说："是这样，我要结婚了，丈母娘让买房。"屋里又陷入尴尬的沉默之中，姑姑良久才说："小昂，很不凑巧呢，我和你姑父也刚刚在云南的一个城市买了套房，准备过去养老。你要是早点说，我们或者就不买了，先把钱给你用，但是现在，首付都已经交了呢！"姑姑的话让小昂的希望彻底破灭了，他立即尴尬地告辞了，以后也都很少去姑姑家了。

小昂借钱之所以失败，大部分原因都在他自己身上，首先，姑姑家的钱不管有多少，都不是姑姑一个人能做主的，而是姑姑与姑父的共同财产。因而，小昂要想与姑姑借钱，最起码应该先和姑姑打个招呼，从而让姑姑也和姑父私下商量商量。如今小昂这样开门见山地非常突兀地说出自己的请求，姑姑根本不可能当着他的面与姑父商量，为了避免夫妻矛盾，只好找了个借口拒绝。其次，我们在寻求他人帮助时，一定要先了解对方，通常情况下，人们是不会与刚刚买房的人借钱的。因而，小昂借钱的请求提得过于唐突，遭到拒绝也是情理之中的事情。

在求人帮忙的时候，如果我们能适当铺垫，真诚地说明自己面临的困境，想帮忙的人即使不等你开口，也会主动提出有钱出钱，有力出力的，但是对于不想帮忙的人而言，即使你开门见山地提出了自己的请求，他们也总会找到理由拒绝。由此可见，我们必须给他人更多的时间和空间思考我们的请求，先适当铺垫，然后再说出我们的请求，这才是最稳妥的做法。

表现亲切之情，让对方乐意效劳

在日常生活中，小孩子和女人最擅长的就是“撒娇”，在撒娇之后，他们往往会获得自己所想要的东西，这也是一种求人办事的说话技巧。当然，通常情况下，“撒娇”只会出现在亲密的朋友之间或夫妻之间，而且，这样的说话方式常常是被小孩和女人所使用，仔细想来，我们都没有见过一个大男人通过“撒娇”来获得帮助吧！而且，通过言语表现出自己的亲昵，以一种撒娇的姿态来赢得对方帮助，还需要拿捏好适当的度。比如，女秘书希望总经理能够帮自己查看一下年度总结，只要稍微示弱就可以了：“总经理，我怕自己弄不好，您先帮我看一看，好吗？”没有必要真的用那种极度“黏人”“娇嗔”的语气说出来。因此，我们在求人办事的过程中，只需要适当表现自己的亲昵，对方自然会乐意帮忙的。

在商业谈判中，面对客户，签单并不是一件容易的事情，但未必真的不好商量，适当亲昵一些，客户很有可能会“乐意为你效劳”。比如，聪明的女士可能会夸张对方的强势，突出自己的难处：“已经没有利润了，您吃肉，让我们也喝点粥嘛！”这时候撒娇是一种策略上的示弱，使自己变为主动，最终达到自己的目的。但是，通过语言表现亲昵时，需要把握好尺度、技巧、方式，不是暧昧，不是谄媚，这样才能达到最好的效果。

我们在求人办事的时候，如何通过话语表现出亲昵呢？

1.亲切问候

见到对方我们应该致以亲切的问候，拉近彼此之间的心理距离。比如，“老杜，您好”显得亲切；“您早，早上好”比“您好”显得更为亲昵。沟通过程中，亲切的问候可以赢得对方的信任与好感，继而令其愿意为你效劳。

2.攀亲带故

赤壁之战中，鲁肃见到诸葛亮时说的第一句话就是：“我，子瑜友也。”这里所说的子瑜，就是诸葛亮的哥哥诸葛瑾，鲁肃是他哥哥的同事兼挚友，短短一句话就定下了与诸葛亮的交情。其实，我们只要稍微留意，就能发现那些攀亲带故的关系，比如：“您是体育界老前辈了，我爱人可是个体育谜，你我真是‘近亲’啊！”

3.表达自己的仰慕之情

在谈话过程中，表达出自己的仰慕之情，也可以表现出“亲昵”的意味，当然，这需要掌握说话的分寸，比如，“您的大作我读过多遍，受益匪浅，想不到今天竟能在这里一睹作者风采，真是太荣幸了！”这样一说自然会令对方心情愉悦，再提出自己的诉求，就不怕被拒绝了。

设置悬念，激发对方的好奇心

“说话留三分，设置悬念”在求人办事中很常用，这种话语技巧是先将自己的思路引入对方的思维轨道，然后，把对方置入困惑的境地，点燃对方的帮助欲望。说话留三分，又可以称为“吊胃口”，其真正目的是利用对方的好奇心理，先说出令人深思的话语或者出人意料的现象，在这时候设下悬念，秘而不宣，吊住对方的胃口，在对方不断的追问之下，你再提出自己的要求，对方会毫不犹豫地为你提供帮助。古人说：“文人看山喜不平。”其实，我们在求人办事的过程中，也是一样的道理，如果我们在说话时巧妙留三分，恰到好处地留下“悬念”，那么便会使对方在回旋推进的言论中产生“山重水复疑无路，柳暗花明又一村”的感觉，继而激发无穷的兴味，有效地影响对方心理，最后一步步达到自己的目的。

心理学认为：好奇心是个人遇到新奇事物或处在新的外界条件下所产生的注意、操作、提问的心理倾向。每个人的心理是不满足的，而好奇心就是人们希望自己能够知道或了解更多事物的不满足心态。当你在向对方求助的时候，假如能巧妙设下“陷阱”，激起对方想了解你的欲望，那么你的求助就有可能成功一大半。而“说话留三分”的姿态正好能激发对方的好奇心，点燃其帮助的欲望，对方在强烈好奇心的驱使下，会忍不住主动问你“我能帮上什么忙吗”。

爸爸由于为一项工程作策划任务繁忙，已经好多天都没有和孩子坐在一起吃团圆饭了。一天晚上，爸爸加班到9点多，工作了一天很累并有点烦，回到家中发现孩子还没有睡，在等他。孩子开口说道：“我可以问你一个问题吗？”爸爸回答：“什么问题？”孩子好奇地问：“你1小时可以赚多少钱？”“在这等我不去睡，就是为了这个问题吗？无聊。”爸爸生气地说。“我只是想知道，请告诉我，你1小时赚多少钱？”孩子几乎用哀求的口气问他。爸爸回答说：“你一定要知道的话，我1小时赚20元。”“哦，”孩子低下了头，接着又说，“你可以借我10个硬币吗？”爸爸发怒了：“开什么玩笑，现在就回去睡觉！好好想想为什么你会那么自私，我每天长时间辛苦工作着，没时间和你闹着玩。”

爸爸平静下来后，意识到自己刚才对孩子太凶了，他走进孩子房间问道：“为什么你无缘无故想要硬币呢？”“这些钱都是我存的，不过还差

10个硬币，如果我有了20个硬币，我还有一个小小的请求。”爸爸有点好奇：“什么事啊？”“我可以用这20元钱向你买1个小时的时间吗？明天下班了，我想和你一起到外面吃晚餐。”孩子开口说道，爸爸哈哈大笑：“就这啊，我还以为是什么大事呢，没问题，明天我提前下班，咱们好好吃一顿。”

孩子先以“问钱”设下悬念，等爸爸到9点仅是为了问一句“1小时可以赚多少钱”，这个问题显得突兀而奇怪。然后再以“借钱”设悬念：“平时很少要过钱”的孩子竟向爸爸开口借10个硬币，以致“爸爸发怒”。而后为了解开疑团，爸爸主动询问，孩子趁此机会提出“要求”，爸爸在欣喜之余便答应了。

当然，“说话留三分”也是需要技巧的，一个善于说话的人，不管在什么时候都会让对方乐意帮忙，相反，一个不善于说话的人，不但不会获得对方的帮助，反而会让人觉得他有毛病。凡事都要有个度，“说话留三分”也不例外，在适当的时候戛然而止，说出你的风采，让一句机智的妙语胜过一摞劣书。

1.故意说错话

在交谈过程中，不妨故意说错话，但话到中间又巧妙一转，表示自己的歉意，“不好意思，这些话不该说的，其实，我不想让你知道我现在的处境”，激起对方的好奇心，在其追问之下，再假装无奈地说出自己目前的情境，顺势提出请求，对方会很乐意帮助你的。

2.设下“陷阱”

有时候，对方可能根本不知道你有求助的意思，所以，你要巧妙设下“陷阱”，通过自己的语言或行为透露给对方“自己有可能出事了”，这样他反而会主动问你“出了什么事”“需要帮忙吗”。

3.设悬念

如果对方主动问你“出了什么事情”，你可以设计悬念，“我也不知道怎么说……还是不要跟你说好了”“其实都是小事，你还是不要知道好了”，点燃对方帮助的欲望，这样对方会继续追问，迫切地想了解你的情况，甚至主动提出给予你帮助。

刚柔并济，有效影响对方心理

求人办事，切忌理直气壮，因为强硬的话非但不会令对方答应你的请求，反而会使对方心生厌烦之感。比起硬话，柔中带刚的话会更具效果，从某种意义上说，柔中带刚就是说话时的语气和态度都比较缓和，不过话语中有比较强硬的部分，这会令对方不好拒绝，唯有答应我们的请求。在日常生活中，有的人对于他人的请求，总是予以拒绝，其真正原因就是不想给予帮助，假如这时候我们又特别需要帮忙，为了迫使其答应请求，不妨使用柔中带刚的话语，有效影响对方心理，这样会使对方难以拒绝我们的请求。

当然，求人办事，按常理来说，应该以低姿态说话，这样才更容易成功。换句话说，当你需要以柔中带刚的话语来提出要求的时候，心中应该有一定的把握，也就是你算准对方会答应自己的请求。有可能是你看准了对方的弱点，有可能是你抓住了对方的把柄，有可能是柔中带刚的说话方式比较适合对方，但无论是哪种原因，都需要尽可能地顺应对方的心理，这样他才有可能在心理压力之下不得不答应我们的请求。因此，求人办事，柔中带刚的话语并不是随便就能说的，当你没有必胜的把握的时候，还是慎重点比较好，否则只会适得其反。

1.找准对方“心理弱点”

当我们在求人办事之前，需要找准对方的“心理弱点”，这样我们才有“资本”说出柔中带刚的话语，比如，“李先生，你也知道，今天的事情是我无意中看见的，有可能会无意中说出去，不过，相信你会妥善处理好这件事情的”。

2.不容拒绝的语气

在求人办事的过程中，可以利用对方的把柄或者短处进行适当的“善意”威胁，即向对方施加一定的压力，同时，在话语中要流露出不容拒绝的语气，比如，“如果这件事不能如期完成，所造成的后果谁来担当，我想你应该认真思考这件事情”。

表明难度，激起对方的挑战欲

生活中，有时候，我们求人办事，正面劝说的结果似乎总是事与愿违，因为我们可能忽视了一点，那就是人们都有不服输的心理，越是被否定，越是要证明自己；越是受压迫，越是要反抗等。如果我们告诉对方事情存在一定难度，他可能办不到，那么，便能激起对方的挑战欲，令其愿意一试。

求别人办事的时候，倘若能够明白对方属于哪种类型的人，说起话来就比较容易了。

1960年，美国黑人富豪约翰逊意欲在芝加哥为公司总部创建一所办公大楼，为此他跑了多家银行，但始终没有贷到款。此时，问题的严重性在于承包商已经聘请好了，一切已经如火如荼地开始了，此时，工程所需费用还差500万美元，假如钱用完了而他仍然拿不到抵押贷款，他就得停工。

这天，约翰逊和大都会人寿保险公司的一个主管在纽约市一起吃晚饭。

约翰逊拿出经常带在身边的一张蓝图，正准备将蓝图摊在餐桌上时，那位主管对他说："在这儿我们不便谈，明天到我的办公室来。"

第二天，当约翰逊断定大都会公司很有希望给他抵押贷款时，说："好极了，唯一的问题是今天我就需要得到贷款的承诺。"

"你一定在开玩笑，我们从来没有在一天之内给过这样的贷款承诺。"主管回答。

约翰逊把椅子拉近主管，说："你是这个部门的主管，也许你应该试试看你有无足够的权力，能把这件事在一天之内办妥。"

主管微笑着说："你这是让我为难，不过，还是让我试试看吧。"

结果非常理想，约翰逊成功地达到了自己的目的。

约翰逊的话明显是对那位主管能力和权威的一种挑战，尽管这位主管不一定真的有那么大的权力，但是，为了证明自己能完成这一有难度的任务，他自然会答应。以激将法说服别人，务必找到并击中对方的要害，迫使他就范，就这件事来说，要害是那位主管对他自己权力的威严感。

可见，巧言激将，一定要根据不同的交谈对象，采用不同的激将法，这样才能收到满意的效果，犹如治病，对症下药才有疗效。因此，总的来说，在运用这一心理策略的时候，要注意以下几个方面：

1.了解对方的弱点

运用逆反心理能否起到应有的作用，关键在于我们是否了解对方的弱点，“请将不如激将”，且要了解“将”的“致命伤”。比如，对于那些爱表现的人，你不妨从反面说：“我知道您也是能力有限……”这样一激，对方肯定会答应你的请求。

2.因人而用

我们在运用这一心理策略的时候，要先了解对方，因人而用。要对对方的心理承受能力有所了解，如果激而无效，那么也是白费力气。

3.掌握火候，语言不能“过”

如果说话平淡，就不能产生激励效果，如果言语过于尖刻，就会让对方反感。语言不能过急，也不能过缓，过急，欲速则不达，过缓，对方无动于衷，无法激起对方的好胜心，也就达不到目的。

在求人办事的过程中，有时别人并不会应允，如果只用直截了当的语言请求他们，他们也许会一再拒绝。在这种情况下，巧用激将法则会收到原本难以达到的效果。因为人类都是有逆反的心理的，尤其是自己的权威、能力受到了质疑的时候，他们的自尊心、自信心就会被激发出来。

第 09 章

懂心理，恋爱话说得甜蜜动心

踏入爱河的恋人们，更应擅长用言语来表达情意和爱意，不管是初识的情侣，还是久违的恋人，如果缺少了言语的沟通，便没有了那份亲昵。若能深谙恋爱心理，便能将恋爱的话说得甜蜜动心，从而收获美满的爱情。

别开生面，开启对方情感心扉

男女之间谈情说爱，重在一个“谈”字，谈得好就有走到一个屋檐下，同吃一锅饭的可能，谈得不好，必然分道扬镳，甚至反目成仇。可见，任何时候，说什么话，在恋爱伊始的交往中，有着举足轻重的地位。毕竟爱情是心与心的相撞，情与情的交流，如要对接得好，必须借助于语言这门艺术工具。在青年群体中，“沉默寡言”“老实忠厚”“过于拘谨”，绝不是心目中的理想对象，你若能落落大方，谈吐自如，就有可能赢得好感，沟通对方情思的脉搏，开启对象情感的心扉。

恋爱双方，欲要谈吐入机、渐入佳境，达到两情依依的目的，了解对方的心理是必要的。俄国作家契诃夫有句妙言：“18岁的姑娘要你的一切，但什么都不愿意给你；30岁的姑娘什么都愿意给你，但只要你的一片真情。”这就是说，随着时间、条件的变化，人的心理、情感也会变化。而对于那些初相识的恋爱对象之间来说，我们只有说出特别的话，让对方对我们留下特别的印象，才能迅速打开对方的心扉。

那么，我们该怎样说话，才能显得特别而打动对方的心呢？对此，我们可以采取以下步骤：

1.谈吐大方，适当寒暄以消除双方的陌生感

第一次见面，男女双方总会有一些羞涩之感，但不要羞羞答答，遮遮掩掩，也不应惜语如金，嗫嗫嚅嚅，而要主动开口，坦率大方。

初次交谈没有固定格式，可单刀直入，开门见山，谈及自己的“概况”，如年龄、工作、文化程度、脾性、嗜好等；也可先谈些天南海北的见闻，谈点花草虫鱼、车马行人、电影电视、旅游观感之类不着边际的“闲话”。你要尽可能了解对方的兴趣爱好，若谈论双方都颇感兴趣的话题，就容易心心相印，情感交融。当然也可谈及一方了解、另一方不甚熟悉的内容，只要对方洗耳恭听，就说明两人话语投机。如果谈别人相好的故事，须适当加上自己的评论，还要随时观察对方的“反馈”。有时，你不妨投“石”试情，谈到别人对你们之间交往的议论，这也许能探到对方的心思。当然，操之过急，急于求成，不注意分寸是不行的，至于对方的风度、才华、穿着、打扮，你表示赞赏，不谓不可，但也不能言过其实、任意夸大，充斥溢美之词，否则反而会使人觉得你是一味讨好、奉承，引起反感。在赞赏之余，你可适当提出一点你的建议，比如，穿戴怎样合体，房间怎样布置，生活怎样安排等，语言的表达应该清楚、直率，含混不清、是非难辨往往会造成误会。

2.委婉表达，将表白的话语说得含蓄些

流露情感隐秘、曲折些，这更合乎东方民族的传统习惯，向异性求爱，有些话是难以直言启齿的，其实完全可以说得含蓄些。电影《五朵金花》中的金花问情人：“蝴蝶飞来采花蜜，阿妹梳头为哪桩？”《阿诗玛》中的阿黑试探阿诗玛：“一朵鲜花鲜又鲜，鲜花开在岩石边，有人想把鲜花戴，又怕崖高花不开。”话虽婉曲，但真情溢于言表。

3.让爱情瓜熟蒂落，水到渠成

与恋爱对象交往不深或者是初次相见，好像处于云雾山中，许多情况只是初见端倪，未来还难以预测，所以，轻易就进入“实质性”交谈就显得过于唐突了。如果贸然说：“你心中的爱人是什么样的？”“啊，你太使我陶醉了，嫁给我吧！”“我太爱你了，我跟你一辈子！”只会落得难堪的结局。须知“好雨知时节，当春乃发生”，对于一切谈吐，应顺乎自然，那种出自真诚而又经过选择的话题才是令人喜爱的。通过多次交谈，仔细察言观色，必然会使你对对方有更深入的了解，那时就瓜熟蒂落，水到渠成了。

俗话说，言为心声，如果我们能抓住恋爱对象的心理，然后驾驭好语言之车，我们就能在情窦初萌之时与恋人的接触中，将丰富的思想、复杂的情怀、微妙的心声用妥帖、与众不同的话语表达出来！

细腻言语，给予对方信任感

语言是一门艺术，恋爱中语言的作用更为明显。如果我们懂得表达，可以使彼此感情来得更快，彼此的心可以拉得更近；但是如果男女双方中的一位语言使用得不当，就会造成彼此双方感情的疏远。

现代生活中，人们的示爱行为越来越由暗示性而趋向直接的亲腻动作，而且男女的个性差异在一部分开放的女孩中似乎正在消失。据心理学家分析，爱情的来临使人带有比平时更强的非理性化，人的行为中，感情、动作的沟通往往比语言还快。这也使得人们对理想概念中的爱情产生一种质疑，而事实上，人们更倾心于爱的传统表达方式——语言。

恋爱中，双方关系能否取得突破，很多时候，要看我们如何表达爱。也有很多时候，在与爱情的遭遇战中，我们不是输在“不爱”，而是输在不知道“如何表达爱”。

生活中，我们发现有这样的情话对白：

“你爱我吗？”

对方的回答一般是：“爱。”

而接着，这个发问的人会继续追问：“那爱我哪里？”

“哪里都爱。”

这个回答似乎合情合理，但实际上，对方会有一种被敷衍的感觉。有些人会说，爱一个人是没有理由的，实则不然，爱一个人会留心观察对方的包括恋爱中的每一个细节，至于那些“爱我哪里”的问题，如果你回答：“我最爱你的眼睛，每当我们在一起的时候，我会注意你的眼睛，当你睫毛颤动的时候，我的心也随之跳动。”或者：“我爱你身上那股忧郁的气质，当初，就是这股气质吸引了我，让我不可自拔地爱上你。”相信这样的回答，定会使对方心里充满安全感。可见，爱表达得越真实、越细腻，也就越能给对方信任，对方也就越有安全感。

那么，恋爱中的男女，该怎样把爱表达得更真实呢？

1.坦率表达

这种表达爱的方式十分简明，直率，不虚伪造作，大胆毫无保留地向对方倾吐自己的感情，宛如那小溪，潺潺而流，属于一种单刀直入、直接挑明的方式。这种表达爱的方式固然直接，却显得真实、可爱。

一般而言，对性情直率、表达思想感情喜欢开门见山的人宜用此法。

显然，对于几经磨难或交往比较深，有一定感情基础，或两个人已经暗地互相倾慕，只需“捅破那层纸”的双方来说，坦率地直抒胸臆表达爱情不但省力，而且别有一番风味。电影《锦上添花》里的铁英，在对段志高表示情意时，一点儿也不拐弯抹角：“痛痛快快地说吧，你喜欢不喜欢我们这个地方，喜欢不喜欢我们这儿的人，喜欢不喜欢我？我就喜欢你！”

列宁的求爱也是直截了当，列宁向克鲁普斯卡娅求爱时就直截了当地说：“请你做我的妻子吧！”而一直爱慕列宁的克鲁普斯卡娅也回答得很干脆：“有什么办法呢，那就做你的妻子吧！”列宁的求爱言语简明扼要，感情诚挚，给人以难以抗拒的力量。

2.悬念告知

当感情发展到一定程度，就应该抓住时机，向你的心上人表达爱意，恋人为了避免直露的生硬，常常巧妙地动用智能的机敏，使得表达爱的方式新颖别致、真实。

这就是制造悬念求爱法：先制造一个悬念，有意让对方形成一个误解——你已爱上别人，给对方造成一种欲爱不成，欲割难舍的状态，“引诱”对方一步步“上当”，然后，突然使对方恍然大悟，实现爱的转折，出现先惊后喜的心理效果。

3.借物暗示

心中有情而欲结良缘，又怕对方不答应，可以采用暗示法，这样，既不必担心开罪对方，又可以收到知其心意的效果。

总之，我们在用语言表达爱的时候，表达方式越特别、越真实，越能给对方心理上的安全感，我们的爱情也就越有保障！

婉言回答对方提出的敏感问题

恋爱中，人们为了证明爱情的可靠，通常会问爱人一些敏感的问题。比如，如果一个男士因为贫穷而害怕失去自己心爱的女孩，他会问：“如果给你5000万元，条件是离开你的爱人，你会同意吗？为什么？”如果这位女士的回答是：“肯定会离开呀，这么多钱！”那么，这位男士必将伤心不已。再比如，尚未确定恋爱关系的一对男女，这位男士想更多地了解这位女士，他会问：“你最希望从朋友（包括爱人）那里得到的是什么？”如果这位女士回答：“我希望我未来的丈夫能有车有房。”那估计，这位男士会认为，这位女士是冲着自己的钱来的，再谈下去已无必要。恋爱中，我们经常会遇到诸如此类的敏感问题，此时，如果我们的回答能让对方满意，消除其顾忌，那么，这对于双方感情的增进是有帮助的，而假如我们不善言辞，那么，也可能使原本关系发展良好的两个人因此留下心灵的隔阂。

那么，在遇到这些敏感话题的时候，我们该怎样回答呢？

1.领悟问题的含义，避免唱“独角戏”

在面临对方的一些敏感问题时，首先，我们要正确理解对方话语的含义，不要急于表态。否则，就容易出现文不对意的结果，尤其是在说话的时候，即使你有出类拔萃的口才，也不要在约会时唱“独角戏”。恋爱是“谈”出来的，你一个人说，恋爱怎么会成功呢？只有双方你来我往、你言我语，感情才会更进一步。

2.委婉表达

英国哲学家培根说：“交谈时的含蓄和得体，比口若悬河更可贵。”

两性相恋，两情相爱，语言交谈是表达感情的重要方式，它直接反映着爱情的格调、品位，关系到爱的生存和死亡。每个人的性格气质、修养、身份、经历的不同，造成了每个人不同的交谈特点，或诙谐幽默，或直白平实，或坦诚直率，或含蓄委婉。过分的亲昵，肉麻的表白，反而显得缺乏修养，有时候山盟海誓更会让人感到缺乏真情。

这一表达方式同样适用于那些敏感的问题，比如，对方希望从你口中获知你对他的态度，此时，如果你直接说“我愿意”，则显得太过袒露，而如果你回答：“以后你负责洗碗还是做饭？”对方则立刻了解了你的态度。《归心似箭》电影中的玉贞爱上了魏得胜，她并没说“我爱你”，而是向正在为她挑水的他说：“挑吧，我要你给我挑一辈子！”《白莲花》片中红军团长肖列向白莲花表白爱情时说：“我希望的是你和枪一起到红军中来。”一语双关，含而不露。

可见，人们在谈恋爱的时候，如果能巧妙地掌握和动用 “婉言”这一绝妙的交谈方式，情窦深处就会充满温煦的阳光。“曲径通幽处，禅房花木深”，通过那弯曲的小道，去寻求幽静高雅花木葱茏的爱情胜境，尤其是初恋男女，彼此间的心灵尚未彻底沟通，各自都在揣摩对方的心理，品味对方的性格，甚至在衡量对方与他人的优劣长短。此时，他们会提出各种敏感的问题，此时，只有用婉言才能更巧妙、更有效地打动对方的心，拨响爱的琴弦，提高恋爱的成功率，也只有用婉言，才能在各种不同场合、环境下，产生美妙奇异的爱情。

“哪个男子不钟情，哪个少女不怀春”，爱情似一杯美酒，有醉人的醇香，也有恼人的苦涩。总之，处在谈情说爱季节里的年轻人们，不要因为自己不会“谈”、不善“谈”，结果把爱情变成了一杯苦酒，面对那些敏感的问题，要巧妙回答，然后把这些恋爱中的问题当成加深彼此感情的催化剂！

别把话说太满，暗示爱意

男性和女性之间的恋爱追逐就像一场别开生面的心理较量，无论哪方，只要谁先放弃自己的心理战场，谁就被俘虏了。语言是传递爱情力量的工具，故而有些人认为，最直白、透明化的语言最能表明一个人的内心世界，也最能传递最强大的情感力量。此话不假。但我们若是希望对方也能给予最热烈的情感回应，就不要把话说满，点到为止，才能让对方回味你的情意。

点到为止地说：

①我很爱你，如果你也真的爱我的话，请尊重我，尊重我的选择，也尊重你自己，让我们一起在自我约束中走向成熟，好吗？

②若真有缘分，我们总会属于彼此，既然你说你真的爱我，那为什么不把这最美的一刻留到新婚之夜呢？

③我想我们都不是小孩了，这种要求是很自然的，可是正因为我们不是小孩了，对待这种事更需要理智一点，不是吗？

当然，除了拒绝不合理请求外，恋爱中需要我们说话把握度的地方还很多，比如，与对方初次相识或者求爱过程中，说话点到为止，能体现一个人说话的水平和艺术，也能让对方回味你“话中话”的含义，从而对其起到一定的心理作用。具体来说，可以根据以下几种情况，采取不同的说话方式：

1.暗示爱意

比如，一个男孩想对心爱的女孩表白，可以这样暗示："上次跟你见面回去后，我又独自在公园里徘徊，虽然时间已经很晚了，可是我没有一点儿倦意。我觉得那天的夜色，好美，好静！"这样说，显得神秘、温馨，如果那个女孩对你也有爱意的话，自然会明白你这些话的含义，也会作出相应的回应。

而如果情况相反，女孩若想对心仪的男孩表明心意，可以这样说："每次和你约会时，总要在衣柜里翻半天，老觉得每件衣服都不好看，真觉得自己有点发神经了……"这样说，则显得你俏皮、可爱，更深远的意思已经在无言中流露出来了，对方必定会为你所动。

2.说些善意的谎言

比如，有的女孩很会为自己的男友着想，担心对方的经济能力不够，因此，在约会的时候说："不知道怎么回事，我对出租车有畏惧感。""每次坐在高级餐厅或咖啡厅时，我总觉得浑身不自在，觉得那种地方过于严肃，不适合我。说起来，我还是喜欢坐在阳台上欣赏夜色，吃自己煮的面，这样没有拘束感。"若对方没有充裕的经济能力，听到这些话，一定会为女方的温存体贴而感动。在恋爱中的男女之间，这种善意的谎言通常是能被对方"识破"的，并且能收到很好的效果。

当然，在恋爱中，需要我们说话点到为止的情况还很多，这需要我们把握说话的这门艺术，这样便可在三言两语中对对方的心理产生作用！

巧妙揣摩，女人心思不难猜

女人的心思真的很复杂多变吗？到底是真的无理取闹，还是有一定的原因在里面呢？对于这个问题，心理学专家给出了解释：由于女性天性比较敏感，她们对于周围的任何不安全的信息都能有敏锐的察觉。比如，她们的妒忌心很强，多疑，而且对年龄问题比较忌讳，在社交当中出现的一些因素都会影响她们的情绪，由此可见，女人不高兴并不是真的没有原因，而是她们内心的不稳定因素在活动。基于这种心理，男人要察言观色，猜透女人的心思，巧妙地把她们哄高兴。

这天，依伦带着妻子去参加朋友的聚会，其中有两个高中时的女同学跟依伦的关系很好，见了面之后，跟她们多聊了几句，这让妻子的心里很不舒服，她坐了一会儿，突然站起来说："我要回去了。"说完，头也不回地走了，让在场的朋友们多少有些尴尬。一开始，依伦非常纳闷，妻子为什么会突然离场呢？不经意间，他突然明白是怎么一回事了，于是向朋友们谎称家里有事，离开了会场。回到家里之后，他看到妻子一个人坐在那里生闷气，于是他上前给了妻子一个拥抱，说："你啊，小心眼，她们早已经结婚了，而且孩子都上小学了。"妻子转过身来说："你是不是不爱我了啊？"依伦哭笑不得，他说："没有啊，好了，我以后保证不跟漂亮女生说话了，看都不看。"妻子脸上顿时露出了笑容。

依伦和漂亮的女同学说话，这让他的妻子感觉到很不舒服，进而突然离场。心理学家分析了这种现象：女人天生善妒和多疑，当她们看到丈夫跟别的女人接触时，她们内心就会感觉很不舒服，她们认为丈夫不理自己和别人交谈，表示丈夫对别人的兴趣超过了自己，自己没有吸引力了。再加上她们的多疑，胡乱猜测丈夫跟别人之间的交往，因而内心吃醋，由此可见，女人的心思并非难猜，作为丈夫，男人要多了解自己的妻子，把话说得巧妙一些，让她们心花怒放。

在两性生活中这样的例子非常多。爱美和强子是在大学时期认识的，他们在一起整整有3年的时间了，可是最近在闹别扭。原因很简单，那就是强子的一个非常要好的女性朋友来看望他了，而强子一点也没察觉，直到爱美不理他的第三天，强子才觉出爱美的不高兴来，于是他一个劲儿地追问爱美到底是怎么了，谁惹她生气了。面对强子的一再追问，爱美很烦恼，这天，他们大吵了一架之后，分手了。分手后，过了两个礼拜，强子才从爱美朋友的嘴里知道了原因，可是，这个时候爱美的心已经伤透了。可见，在两性生活中，女人不高兴自然会有理由，对此，男人一定要猜透她们的心，把她们哄高兴。

那么，在男女交往当中，男人究竟如何才能猜透女人心呢？如何才能做到巧说话呢？

1.多从自己身上找问题

很多时候，女人不高兴是因为自己的男人引起的。比如：男人欺骗了女人，男人跟别的女人接触了等。因此，男人在发现自己的女人不高兴的时候，第一时间应该在自己的身上找问题，然后对症下药，把女人心里的疙瘩解开。

2.了解女人身边的朋友

女人除了家庭以外，也有自己的社交关系。说不准和朋友之间也有发生误会的时候，尤其是女人的嫉妒心很强，看到别人比自己优秀，也会引起她们内心的不悦。因此，男人要细心一些，多了解女人身边的朋友，及时把女人不高兴的原因弄清楚。

3.清楚女人生活的环境

女人平日里也会和朋友们一起聚会或者是购物等，中间说不定还会和别人发生矛盾和误会，这些都可能会让女人很不高兴。因此，男人要清楚女人去过的地方，接触过的人，甚至说过的话等，把女人内心的纠结弄清楚，然后适当安慰女人。

研究表明：在两性关系中，女人比较敏感，因而内心变化也比较复杂，时不时就会心情不好，甚至是发脾气，这是女人独特的生理和心理作用的结果。因此，男人要对女人仔细一些，认真一些，猜透女人的心思，然后解开她们内心的疙瘩，把她们哄高兴，这样才能让爱情更加甜蜜。

适时鼓励，让男人更有信心

为什么同样的两个男人，对一个用了催促，而对另外一个用的是鼓励和赞扬，最终的结果会大相径庭呢？心理学家分析了这种现象：男人都希望在女人眼里是勇敢的，是优秀的。为了获得女人的欣赏，男人会激发内在的潜质去努力，即使本身不优秀，也会越来越优秀。相反，催促则是对他的不信任，他们心里会产生抵触和对抗的情绪。基于男人的这种“面子心理”，女人要时不时地对男人进行一些表扬和鼓励，让男人更加地有信心，更加地爱你。

恩其和大冰是刚结婚的两口子，两个人感情非常好。可是有一点让恩其非常地不满意，那就是大冰不会做饭，每天做饭的事都由她一个人承担，时间久了，恩其心里多多少少有些怨言。这天，恩其下班晚了，回到家之后，发现大冰做好了饭菜在等她，她感到非常地惊奇。尽管饭菜做得很难吃，但是恩其还是竖起了大拇指夸奖道："老公，你真棒！"大冰惊喜地说："老婆，真的吗？"恩其笑着说："当然是真的，我什么时候骗过你啊！"大冰非常地高兴，从那之后，每天积极地抢着做饭，做的饭也越来越好吃了。

对于大冰做的饭菜的难吃，恩其并没有指责和批评，而是及时赞美和表扬了丈夫。结果大冰更加卖力了。心理学家分析说：男人都希望自己在女人眼里是优秀的，得到她们的夸奖无疑是得到了肯定和认可，也是对自己的一种奖励。为了得到更多的肯定，男人会表现得越来越优秀，可见，在男女相处的过程中，男人需要女人的夸奖，需要女人的赞美和鼓励，这样，他们会表现得更加优秀。

在两性生活中，这样的例子非常地多。男人从来不善于表达，这让女人很不开心。一次，男人给女人写了一封情书，尽管写得枯燥乏味，没有半点温暖，可是女人还是很惊喜。她对男人说："真是太棒了，我看了你的情书之后感动得热泪盈眶，你的字写得很漂亮，文笔也很优秀，我好喜欢。"男人非常高兴，于是经常给女人写情书，后来男人的字越写越漂亮，文笔也越来越好。由此可见，女人的夸奖和赞美，对于男人来说就是最好的奖励，被女人欣赏，对于一个男人来说是最高的荣耀。

那么，对于女人来说，如何去说捧男人的话呢？

1.多表扬男人取得的小进步

当一个男人开始改变自己后，取得一些小进步时，女人要及时地赞美和表扬男人，让男人觉得自己的进步获得了女人的欣赏，为此，男人会更加努力，让自己不断进步，让女人高兴，获得女人更多的认可和肯定，因此“你真棒”“你真不错”这样的话要经常说。

2.表扬男人的小缺点和小毛病

每个人都有缺点和毛病，对于男人的一些小缺点和小毛病，很多女人往往是指责和批评，试图让男人改变，而结果却事与愿违。事实上，与其和男人闹别扭，不如改批评为赞美，暗示男人，让他积极改变。男人觉得自己并没有女人说得那么好的时候，便会积极改变，让女人满意。

3.要不断发现男人的闪光点

俗话说：“生活不是缺少美，而是缺少发现。”对于男人来说，他们本身就有很多的优点值得赞美，可是由于没有凸显，所以女人看不见或忽略了。对于女人来说，要不断发现男人的闪光点，及时表扬和赞美，让男人不断建立起自信心，这样才能使得男人更加优秀。

研究表明：男人内心也有自我认可和自我肯定的机制。通常，女人的赞美和欣赏让男人觉得女人在欣赏他们，因而试图表现得更加优秀，获得更多的认可，从而树立内心的自信心、增加安全感。男人觉得，一个女人欣赏自己才会和自己维持长远和恒久的稳定关系。因而，女人不妨多去赞美你的男人，让他足够地优秀，足够地爱你。

第 10 章

懂心理，交际话说得左右逢源

日常交际，全靠口才在发挥作用。一句话可以让人收获真情，一句话可以赢得订单，一句话可以打破僵局，这些都足以让人们成为交际场合中的“中心人物”。而密钥在于懂心理，懂得心理学，便能通过灵巧的交际话获得左右逢源的交际能力。

打破沉寂，活跃现场的气氛

生活中，我们与人打交道，会遇到这样的情况：大家似乎都不愿意主动开口，以致场面冷清、尴尬，此时，我们该如何是好？要知道，开口交谈是人际交往中最重要的步骤之一，处理好这一步可以使交谈气氛迅速融洽起来，使我们结识很多有趣的朋友，而处理不好则会引起尴尬，失去很多机会。可见，用语言暖场是我们要掌握的重要心理策略，而用语言暖场，并不是毫无章法的。我们来看看下面这个故事：

有一个人请客，眼看时间过了，一大半的人还没来，大家等得焦急，主人心里也很焦急，便说："怎么搞的，该来的客人还没来？"一些敏感的客人听了心想："该来的没来，那我们是不该来的了？"于是便悄悄地走了。主人一看，又走了几位好友，便越发急了，便说："怎么这些不该走的客人走了呢？"剩下的人一想："走的是不该走的，那我们剩下的便是该走的了。"于是又都走了。最后只剩下一个跟主人比较亲近的朋友，看到这种局面，就劝他说："你说话前应考虑再三，否则说错了，就不容易收回来了。"主人大叫冤枉，急忙解释说："我并不是叫他们走啊！"朋友一听，心想："不是叫他们走，就是叫我走了。"于是也走了。

暖场的话也不是随随便便说的。有人因为会表达，说出让大家都舒服的话而受欢迎，有人则因为表达方式不当而在人际交往中吃亏。从人们的心理角度看，每个人都希望别人能说出自己喜欢听的话，我们要想做好暖场工作，需要从以下几个方面努力：

1.保持良好的说话态度

人际交往中，我们说出的话就像那些“散出去的鸡毛”，是很难收回来的，尤其是在公共场合中，我们的每一句话都会产生或好或坏的影响。无礼的言行就像留在他人心中的伤疤难以愈合，就像一针见血地指出他人的缺点，他人可能会错把我们的好心当成恶意对待，这岂不是费力不讨好？如果我们说话方式不妥当，别人会把我们的忠言当作胡言乱语，要么敬而远之，要么置之不理，说话太鲁莽，不经过大脑思考说出来的话，只会伤人伤己。

2.以对方感兴趣的话题暖场

一般而言，说话时要选择大家都感兴趣的话题，而不要只顾自己说，否则他人就会感到厌倦，也就是我们常说的——没有共同语言。如果我们能很好地找到共同感兴趣的话题，会使他人感到我们很亲切，很了解他，感到他找到了知己，双方也会快乐不已，使得感情更加深厚。因此，在公共场合，我们可以选择大家都关注的一些话题，比如，时事政治、体育、房价等，即使在场的人不是很了解这些，也能说上几句，也不至于插不上话，当大家你一句我一句地开始谈话时，我们的语言也就起到了暖场的作用了。

3.幽大家一默

公共场合，适度幽默能迅速引起大家的注意，并起到良好的沟通作用。

古人云：“口者，心之门户也。”语言表达的技巧是沟通心灵的桥梁。会说话，不仅能使自己开辟出更广阔的交往空间，而且能使他人感到快乐与温馨。人际交往，尤其是公共场合，学会如何暖场是掌握说话艺术的重要部分！

言谈亲切，拉近彼此距离

中国有句俗语：“低调做人，高调做事。”这其中的低调做人就包含说话这门艺术。尤其是当双方地位悬殊，而对方的地位较低时，与之说话，如果我们说话低调一点，会满足普通人的自尊心理需求，给对方容易亲近的印象，这样的讲话方式理所当然地会受到对方的欢迎。

可见，与地位低者说话时放低姿态，不仅能拉近双方的距离，而且更容易沟通，更容易让对方从心理上接受自己。

那么，我们具体该怎样运用低调说话这一心理策略呢？

1.沉默是金，不要抢着发言或说话

真正的说话技巧，并不是不放过任何一个说话的机会，而是懂得适时地说话。低调说话，就是需要我们懂得沉默，也就是说，任何时候，我们都不要抢着发言，即使对这个问题有处理办法，也只是建议别人该如何去做，而不是说应该怎样去做。说话低调，可以给自己留下回旋的余地，不至于让自己尴尬与难堪。沉默是金，这也许并非人生箴言，却也是许多风雨人生的凝聚，早在白居易的诗中，就有了“此时无声胜有声”的意境，到了语言表达的极限，便需要用沉默来体会和理解。当我们沉默的时候，就给了对方更多的说话机会，自然能得到对方的好感。

2.不要当面指出别人的缺陷和过错

任何人都是爱面子的，尤其是当自己犯了过错或者被人发现某种缺陷时，更是希望别人不要指出来。但生活中，总是有那么一些人，与人交谈，只顾一时口舌之快，有意无意地对他人造成了伤害。切记，有时一句侮辱性的语言完全可能把深厚的友情葬送。因为，没有人能彻底忘掉别人对他的侮辱，即使那个人曾经有恩于他，或者他们曾经是好朋友，所有这一切，都无法弥补他因为语言受到的伤害。

3.开玩笑也有分寸

小李是单位的帅哥，他现在在一家外企上班。正是因为英俊的长相，他在大学校园内有个“恋爱专家”的雅号，而毕业后，他在众多的女友中选上了貌若天仙的丽。也许是为了炫耀自己的能耐，这天，小李带着丽去参加朋友聚会。

就在大家天南海北闲谈的时候，“快嘴王”换了话题，谈起了大学校园罗曼蒂克的爱情故事，故事的主人公自然是“恋爱专家”小李。“快嘴王”眉飞色舞地讲述着小李如何引得众多女生趋之若鹜，又如何在花前月下与女生卿卿我我。丽开始还觉得新奇，但越听越不是味儿，终于拂袖而去，小李只好撇下朋友去追丽。

实际上，我们都知道，“快嘴王”不是有意要揭小李的伤疤，但他的追忆往事确实使丽难以接受，以致无端捅出娄子。这不仅使小李要费不少周折去挽回即将失去的爱情，而且使在场的人心里很不高兴。可见，有时候，口下留情很重要，开玩笑可以活跃气氛，但玩笑也不能乱开，否则，你就会成为不受欢迎的人。所以，说话应该谨言慎行，给语言的刀子加上一把鞘。

从以上三点，我们可以看到，说话谦虚低调不光是美德，更是一种明智的说话策略，也是我们在人际交往中必须要掌握的处世方法！

笼络关系，拓展人脉圈子

在面对陌生人时，如何与他人套近乎，这是个难题。一旦我们解决了这个难题，与陌生人搭讪的成功率就会极大提高，当然，我们也会因此结识更多的人，为自己争取更多的机会。常言道，多个朋友多条路，我们唯有抓住每一个机会为自己拓展人脉关系，才能在职场上因为丰富的人脉关系而如鱼得水。

也许有人会说，人应该凭着真才实学闯荡社会，的确如此，不过，这只是最重要的条件之一，而并非充要条件。也就是说，除了拥有真才实学之外，成功还需要很多其他因素的辅佐，正如古人所说，天时地利人和也。由此可见，要想成功，人和是必不可少的要素之一，因而，套近乎尽管被很多人忽视，却依然势不可挡地成为成功的必要条件。套近乎为什么这么重要呢？首先，套近乎能够帮助你与他人搭上关系。中国社会是人情社会，这一点每个人都深有感触，俗话说，朝中有人好做官，如果你人脉关系丰富，不管做什么事情都能找到贵人助自己一臂之力，那么你的成功肯定会变得更加容易一些。其次，套近乎可以让你与他人的关系更加融洽，即使是与陌生人攀谈，套近乎也能拉近你们彼此之间的距离，让他人逐渐消除对你的警惕和排斥心理。举个最简单的例子，如果你是推销员，则你一定要学会与他人套近乎，因为大多数情况下，陌生人戒备心理的产生都是因为缺乏安全感。一旦你与他之间建立了某些联系，就会让他产生熟悉亲切的感觉，安全感也就自然会建立，由此，你们彼此之间会更加信任和宽容，这样一来，交往自然水到渠成。

作为二手房经纪人，婷婷的销售业绩始终是店里最好的。婷婷的学历并不是最高的，长得皮肤黝黑，五官清瘦，也算不上漂亮，说起话来还总是直截了当，为何她的业绩这么好呢？很多客户只要跟着婷婷看过房子，就总是对她忠心耿耿，这让其他同事羡慕不已。

前段时间，婷婷无意间认识了一个客户，这个客户是个年轻的小姑娘，看起来二十七八岁，而且不太愿意说话，话比较少。第一次接触这个客户，婷婷觉得心里没底，很快，看完几套房子，她就与客户分开了。到第二次看房，中间大概经历了两个多星期，原本，婷婷都觉得客户可能没什么意向了，不想客户又同意跟她看房。这次，婷婷带客户又看了好几套房子，历时两个多小时，好不容易看完房子，婷婷把客户带回店里梳理。听到客户接电话时电话里传来河南口音，婷婷喜出望外，好不容易等着客户打完电话，赶紧惊喜地问："刚刚给你打电话的是河南口音？"客户点点头，说："是我男朋友的妈妈，他家是南阳的。"婷婷高兴地说："哈哈，咱们是老乡啊，都是河南人的媳妇儿。"客户也很惊讶，说："你老公也是河南的？""对呀，我老公是南阳镇平的，你男朋友家是哪里的？""就是南阳市区的。""太让人惊讶了，以前在北京生活时，我们身边有很多河南人。现在到了南京定居，我以为河南人很少了呢！"这下子，轮到客户惊讶了："你还在北京生活过？""对啊，我在北京生活了十几年，为了给孩子落户，才来南京定居了。""太巧了。"客户也觉得难以置信，“我男朋友的爸爸现在还在北京工作呢，就住在燕郊。”婷婷马上找到了话题，更加滔滔不绝：“燕郊是河北的地方，不过距离北京东城望京等地特别近，所以有很多人在那里居住，在北京上班。”“就是的，我男朋友的爸爸就在望京上班。这下好了，既然你老公也是南阳人，你们还在北京待过，我觉得你就更好与我男朋友的爸爸沟通了，我们买房是老人家出钱，所以得他拿主意。”就这样，客户把未来公公的电话留给了婷婷，让婷婷直接与他沟通。婷婷当然得心应手，还未见面，就与这个老乡聊得兴致盎然。后来见面之后，婷婷还特意与老公一起邀请老人家吃饭呢，他们变成了老乡和朋友，买房自然是在婷婷这里买了。

婷婷很聪明，心思敏捷，因而在客户的一通电话之后，马上找到了套近乎的理由。双方都是河南人的儿媳妇，尽管客户只是准儿媳妇，但是既然已经开始买婚房了，自然也是对与河南有关系的人和事有着莫名的亲近。如此套近乎，恐怕让人始料不及，也幸好巧合的作用，婷婷又找到了与客户的未来公公的又一个重要共同点，即客户的未来公公在北京生活，对于北京，婷婷在那里生活了十几年，自然是非常熟悉且有着很多话题的。如此一来二去，她与客户的关系越来越深，也越来越亲密，工作自然也就水到渠成了。

现代社会，尤其是在大城市里，打拼的人们往往来自四面八方，全国各地。因而，人与人之间很难像在老家的小地方那样攀上亲戚关系，但是套近乎并非局限于亲戚关系。细心的人会发现，要想与他人套近乎，其实有很多关系都可以用得上。例如，老乡关系（同省的都可以称为老乡，如果在国外，则中国人全都是“老乡”），校友关系，驴友关系，或者志同道合，有着共同的兴趣爱好，都可以用来套近乎。

委婉言说，忠言也顺耳

俗话说“人无完人”，尺有所短，寸有所长，每个人都有可能犯错误。犯错误，并不能说明我们一无是处，反之，一个人做了件好事，也不能说他做的每件事都是好的。我们在人际交往中，发现交际对方的过失而必须指出来时，不能不顾对方的颜面。我们只有注意方式方法，做到忠言也能顺耳，才能让他人不仅不怨恨反而感激，而如果我们坚持“忠言逆耳，良药苦口”的原则，说话过急或过火，必然会招致对方厌烦。当然，过轻或过迟，对方则可能根本意识不到，所以，只有及时和含蓄地提出批评或错误，让忠言不再变得逆耳，才能发挥应有的作用，当然，这里说的含蓄应遵循不失实、不就轻的原则。

那么，我们怎样才能做到忠言顺耳又能说到对方心里去呢？

1.先讲自己的过失

在日常生活中，所有的批评和建议如果只提对方的短处而不提他的长处，对方肯定会感到心理上的不平衡，或者感到委屈，最有效的办法之一就是先讲自己的缺点和过错。

因为，你讲出自己的错误，就能给对方一种心理暗示：你和他一样都是犯过错的人，这就会激起他与你的“同类意识”。在此基础上再去批评或给对方建议，对方就不会觉得失面子了，因此也就更容易接受你的批评和建议，你的忠言也通过顺耳的方式传递给了对方，这也算含蓄的一种方法。

2.委婉表达，含蓄指出对方的过错

人都是有自尊心和荣誉感的，有的人之所以不愿接受批评或建议，主要是由于怕触伤自己的自尊心和荣誉感。为此，我们在给他人批评和建议时，如果能找到一种含蓄委婉的方法，反而更能达到使其改正错误的目的。

现代社会，人际交往中，采用委婉表达对方过失的方式也不失为一个好方法。

3.欲抑先扬，给足对方甜头后提出

我们说："良药苦口利于病，忠言逆耳利于行。"这个道理却不是日常交流中能运用的法则。人和人的感情不仅需要培养，更需要维护，而且，规劝批评别人，正是以维护的目的去做的，那么，我们何不让苦口的良药也裹上糖衣呢？把劝谏的话说甜，甜到对方心里，对方必定会接受并感激你！

三思而后说，避免对方反驳

俗话说，覆水难收，说话也是，"说"与"话"是一个因果关系，你的嘴"说"些什么，"话"便是什么，可见，我们要想对自己说出的话不感到后悔，就要谨慎说话。在人际交往中，我们更要三思而后言，因为，从心理角度看，人们一旦发现那些有漏洞的语言，就会产生纠正的心理，而一旦对方提出反驳的问题，就会让我们尴尬，而同时，人们对那些说话不谨慎的人，也会产生防备心理。

总之，与人交往，只有谨慎把握自己的言语，才能打消他人的反驳心理，说话才能让对方心服口服。具体来说，在运用这一心理策略的时候，我们要从以下方面努力：

1.注意修饰自己的语言，让语言形象化

大街上有两个擦鞋童，在招揽生意时，面对即将约会的青年男女，第一个擦鞋童说：“你看你的鞋子多脏，我为您擦擦皮鞋吧，又光又亮。”这句话虽然表现出了他对顾客的热情和自己的礼貌，并且向顾客保证自己擦出来的鞋会“又光又亮”，但这句话对那些即将约会的青年男女起不到什么作用，因为，在黄昏时刻破费钱财去买个“又光又亮”，显然没什么必要，而同时，“你看你的鞋子多脏”这句话很明显地激起了人们心中的不快情绪，如此一来，即使对方的鞋子真的需要擦，人们恐怕也不会光顾他，人们从这儿听出的是“为擦鞋而擦鞋”的意思。而第二个擦鞋童的话则与此刻男女青年们的心理非常吻合——黄昏之时，约会的青年男女们，都希望自己以一副清爽的形象去面对自己的恋人，一句“约会前，请先擦一下皮鞋吧”，真是说到了青年男女的心坎上。这位聪明的擦鞋童，在自己的话题里放入了“为约会而擦鞋”的温情爱意，一句“为约会而擦鞋”一下子就抓住了顾客的心，因此大获成功。

而通常，人们都没有意识到说话用词给人以形象的极端重要性。实际上，聊天讲话如果能让对方眼前浮现出各种各样的形象，听众就会感到轻松、惬意，并愿意继续听下去。而如果话题含糊笼统，语言无色无彩，那么，恐怕只会让对方昏昏欲睡，提不起聊天的兴趣，甚至对你产生厌倦的情绪。

2.以事实说话

人际交往中，我们要想让自己说的话更有说服力、无懈可击的话，就需要从事实出发。

3.说话把握分寸

卡耐基说："好口才是社交的需要，是事业的需要，是生存的需要。它不仅是一门学问，还是你赢得事业成功常变常新的资本。"但是，能说话不等于会说话，话还要说得有分寸，只有把握好说话的分寸，才算掌握了开启成功之门的钥匙，如此才能把话说到人的心坎儿上，达到"一语惊起千层浪"的效果！

与人交往，我们说话，要看场合、对象，从而把握说话的分寸。

总之，我们与人说话，要把握对方的心理，说出让对方心服口服的话，对方才更容易接受而不至于"反驳"我们！

第 11 章

懂心理，圆场话说得不再尴尬

在某些交际场合，人们会因各种原因被逼迫到窘境，例如，发生一些无法预料的情况，令人十分难为情，无所适从，甚至想找个地洞钻进去，处于两难境地而无法摆脱。这时人们应善用言语救场，打好圆场，让场面不再尴尬。

言语失误，敏捷思维补救

俗话说：“人有失足，马有漏蹄。”在现实生活中，总会出现话语失误的现象，这是不可避免的。虽然，这其中的原因各不相同，但话语失误所造成的后果是极为相似的，或贻笑大方，或纠纷四起，甚至难以挽回。尤其是在当众说话的时候，假如你无心造成了言语失误，那可是相当尴尬的情形，因为有那么多人亲耳听到，你还能怎么办呢？说出去的话就犹如泼出去的水，覆水难收，但有时我们还是可以挽回场面的，这就需要敏捷的思维能力了，也就是看脑子转得快不快了。失言是一种话语表达的错误，只要你能及时找到挽救的方法来进行补救，就能在某种程度上降低失言带来的严重性。

那对于说话过程中的言语失当，该如何应付呢？

1.寻找挽救的办法

言语失误了也可以挽救，你依然能够用语言来进行弥补，当然这其中需要灵敏的思维以及绝妙的技巧。只要你懂得随机应变，就能够弥补自己言语失误的过错，比如，将错话加在他人头上，“这是某些人的观点，我认为正确的说法应该是……”又或者将错就错，干脆重复肯定，然后巧妙地改变错话的含义，将本来的错误变成正确的说法。

2.诚恳道歉

如果是自己的无心造成了言语上的失误，形成了尴尬的局面，那我们应该诚恳地向听众道歉，以一份坦率的胸襟来面对自己的失误，以诚恳的态度赢得听众的认可。

在当众说话时，一旦自己言语失误了，即便你尚未找到任何解决的办法，只要能主动承认自己的失误，并向在场的听众说声“对不起”，也定能赢得听众的喝彩声。反之，有的人言语失误了非但不觉得羞愧，反而说得更起劲，这样的人就只能让听众生厌了。

和稀泥，化解难堪情境

和稀泥，又被称为“打圆场”。生活中，我们与人初次交往，都希望双方的交谈能在轻松愉快的氛围中进行，使每个人都身心愉悦，从而随着交谈的深入，令双方的关系能进一步加深。但实际上，人们在处理人际关系的时候，常会因经验或能力的不足而面临尴尬的局面，或与客户争吵，或被上司批评，或被同级嘲笑等。此时，如果我们能巧妙地打圆场，帮彼此找到一个台阶，从而摆脱难堪的局面，那么，对方一定会对我们产生好感，从而有利于交谈的进一步进行。

可见，交际中遇到尴尬的场面时，做到审时度势，准确把握双方的心理，然后运用说话技巧，借助恰到好处的话语及时出面打圆场，化解尴尬，维护交际活动的正常进行，显得十分重要和宝贵，也确实是十分必要和值得重视的。那么，我们在交际中，怎样才能不失时机地打好圆场呢？

1.找个借口，给对方台阶下

人们之所以会在交际场合陷入尴尬境地，是因为他们在某些场合做了不合时宜的事，说了不合情理的话等，而要打破这一僵局，可以从人们不容易看到的方面就这些有悖常理的话和行为作出另一番解释，以证明他们的行为和语言是合理的、无可厚非的。这样一来，对方的尴尬解除了，正常的人际关系也能得以继续下去了，而我们在无形中也多交了一个朋友。

2.侧面点拨

即不直言相告，而是从侧面委婉地点拨对方，使其明白自己的不满，打消失当的念头，这一技巧通常借助于问句的形式表达出来。

3.审时度势，让各方都满意

交际场合，产生矛盾的双方若就某一问题争论起来，此时，是很难说清楚谁对谁错的，而作为调解者，我们在调解时应一碗水端平，不可厚此薄彼，以免加深双方的差异，要对双方的优势和价值都予以肯定，在一定程度上满足他们的自我实现心理，在这个基础上，再说出双方都能接受的建设性意见，这样就容易为双方所接受。

4.转移话题，制造轻松气氛

当尴尬或僵局出现时，有些人由于情绪上的激动，往往会在一些问题上互不相让，在打圆场时，不妨岔开他们的话题，转移他们的注意力。如朋友之间为了某个问题争得面红耳赤，僵持不下时，可以适时说一句“要把这个问题争得明白，比国家足球队赢球还难”，或者说一个笑话，让双方的情绪平缓下来，在轻松的气氛中让尴尬消逝殆尽，使交际活动得以顺利进行。

打圆场是一种语言艺术，但打圆场必须从善意的角度出发，以特定的话语去缓和紧张气氛，调节人际关系。而从我们自身来说，掌握交际双方的心理，运用说话技巧，帮人找回面子，也可以使我们在交际场合左右逢源。

随机应变，巧妙摆脱说错话的尴尬

在与别人交往的过程中，一时的失言是很正常的现象。尽管每个人从内心里都不愿意说错话，但是错话往往会在一些意外的情况下从嘴里说出来。说出去的话是不能收回的，为了挽回负面的影响，不妨多动一下脑筋，随机应变，用将错就错或者曲解词意等方式来化解说错话后的尴尬。

无论是将错就错还是曲解词意的方法，目的都是转移对方的注意力，在最短的时间之内抹掉对方心灵上的不快，消除尴尬的局面，从而将意外的紧张和不快迅速地转化到轻松欢快的场景中去。

杨先生是山东人。一次，他和一个客户谈生意，由于是初次见面，一时间难以找到什么话题，就开始东拉西扯地聊起了各地的风土人情。通过交谈杨先生得知客户是烟台人，顿时感到倍加亲切，有一种他乡遇故知的感觉。在两个人的谈话中就很自然地多了几分亲热，少了一些客套，心情上也放松了许多。

“中原地区是一个好地方，历史悠久，文化灿烂，有着很多的风景名胜，又是交通枢纽，更为难得的是民风淳朴，不像南方，尽管南方是发达地区，但是那里的人都有一种市侩气，尤其是南方的女性，虽然有过不少有名的人才，但是大部分人都失去了江南水乡的清纯，都很虚荣，成为了地道的拜金主义者……”

没有想到的是，客户的脸色呈现出不悦之色，并且有些生气地说：“拙荆就是南方人呀！”

一下子，气氛尴尬了许多，杨先生意识到自己的口无遮拦给对方带来了不小的伤害。但是杨先生毕竟是交际场中的高手，见状赶紧说：“夫人是南方人吗？实在是太巧了，我就是在南方出生的呀！”

尽管说谎不是好事，但是，为了化解一下尴尬的气氛，善意的谎言还是可以理解的。杨先生就这样为自己对南方的理解找了借口，然后又追加了几句南方人的优点：“南方人追求金钱是有目标的表现，在生活上，性格细腻的南方女性最适合做终身的伴侣。”听完杨先生的话，对方的脸色就转怒为喜了。

我们与人交往，什么样的人都可能遇到，时不时受点儿冲撞和冒犯也是属于正常范围。这时候你采用怎样的方式去应对，是对你处世水平的考验。

在生活中，什么样的事情都可能遇到，有时候还会受到意外的冲撞和冒犯。当别人的冒犯给自己带来尴尬的处境时，恼羞成怒勃然变色都是十分幼稚的行为，那样既浪费时间和精力，又不利于人际交往。在这个时候，不妨见招拆招，换一种角度去解释别人带有攻击或者嘲讽的话语，如此，不仅能够让自己迅速地摆脱尴尬的局面，还能把这一次的尴尬转化为宣传自己的工具，从而达到一种艺术效果。

中文系大一新生的一个班会上，学生们轮流上台作自我介绍。轮到了来自农村的学生牛力时，他走上讲台，刚刚说了一句“我姓牛，来自农村……”就被一个不友好的声音给打断了，只听有人说：“哎哟，乡下的小牛要进城喝咖啡了。”很多同学都放肆地笑了起来，牛力对这位无礼的同学感到十分气愤，但是又不愿意在第一天里就给别人留下不好的印象，于是忍住火气，让自己镇定了一下说道：“是的，我是乡下的小牛，不过，我来到这里并不是为了喝咖啡，而是来‘啃知识’的，以便更好地回到农村去耕耘，我‘吃的是草，挤出来的是奶’，我愿意永远做我们家乡的孺子牛。”

他的话说完之后，大家都自发地热烈鼓掌，为牛力精彩的讲话喝彩。牛力用自己的机敏，顺着别人的玩笑话，用鲁迅先生的名言作了一个很好的解释，既让自己摆脱了尴尬的局面，又表明了个人的做人原则，赢得了全班同学的由衷敬佩。

通常情况下，别人带有侮辱性的玩笑话并非故意的刁难，只不过是有口无心而已。在这个时候，你没有必要为此事而恼羞成怒，伤了双方的和气，而是要充分展现自己的口才，顺着别人的话借题发挥，将那些略有侮辱性的语言变成褒奖自己的话语。

在我们遇到尴尬的时候，没有必要面红耳赤，不知所言，更没有必要恼羞成怒，丧失理智，不妨转动一下脑子，寻找另外一种语言，用好的口才去化解尴尬的场面，消除其中的可笑意味，缓解一下双方的紧张心情。尴尬是由我们一手造成的，既然出现了，躲避是没有用的，那么不妨把情绪放平和些，用语言来进行及时的弥补和拯救，如此你就会变得轻松许多。

暂置策略，摆脱谈判僵局

谈判充满了变数，并不是每次都能够顺利进行。进行谈判时，因为谈判各方利益点的冲突或因为谈判某方的语言方式让人接受不了等，使谈判陷入僵局是毫不意外的。每一位谈判者或早或晚都将面对谈判的困境，分歧的确令双方都非常难堪，但又很难避免其发生。造成谈判困境的原因有很多种，可能是价格上的分歧、交易条件上的分歧、售后服务方面的分歧等，双方要么沉默相对，要么索性终止谈判，这是双方都不愿面对的局面，也会给各自企业带来损失，对谈判个人来讲则是时间上的浪费。那么如何能够化解矛盾，摆脱谈判僵局呢？

许多经验欠佳的谈判手在困境面前常常不知所措，认为谈判即将破裂，没有办法扭转局面，完全丧失了继续下去的信心。其实在实际谈判中真正的僵局少之又少，很多困境都是有办法解决的，但需要一定的方法。

我们知道，谈判少不了说话，谈判中，陷入僵局，是因为我们说了令对方不悦的话。也就是说，如果我们及时转变话题，把话说到对方心里去，谈判双方的心情是可以舒缓的。

很多时候，对于谈判新手来说，僵局听起来好像是死胡同，可对于谈判高手来说，它们只是一个插曲罢了，无论什么时候，你都可以使用一种非常简单的策略来打破这些僵局。该策略被称为“暂置策略”，也就是转移话题。

那么，谈判中，我们该如何转移话题呢？对此，我们需要注意以下几个方面：

1.千万不要混淆僵局和死胡同

所谓僵局，就是指谈判双方就某一个问题产生巨大分歧，而且这种分歧已经影响到谈判的进展了；所谓死胡同，就是指双方在谈判过程中产生了巨大分歧，以至于双方都感觉似乎没有必要再继续谈下去了。谈判过程中很少会出现死胡同，所以当你以为自己遇到死胡同时，很可能只是遇到了僵局。

2.先在小问题上赢得双方的共识

你可能会问："如果我们不能在价格和付款方式等重要问题上达成共识，为什么还要浪费时间讨论那些微不足道的问题呢？"谈判高手非常清楚，一旦双方在那些看似微不足道的小问题上达成共识，对方就会变得更加容易被说服。"我们先把这个问题放一放，讨论其他问题，可以吗？""我知道这对你很重要，但我们不妨把这个问题先放一放，讨论一些其他问题。比如说我们可以讨论一下这项工作的细节问题，你们希望我们使用工会员工吗？关于付款，你有什么建议？"

这样，你可以首先解决谈判中的许多小问题，并在最终讨论真正的重要问题之前为谈判积聚足够的能量。

巧妙打圆场，给对方面子

生活中，每个人都非常在乎自己的面子，我们唯有给予他人面子，才能顺利与他人交好。给予他人面子除了尊重他人之外，我们还应该学会帮他人打圆场。任何时候，丢面子都是难堪和尴尬的体验，因此我们要时时处处都给他人留面子，这样才能成为深受欢迎的人。如果他人在某个场合下丢了面子，你恰恰就在现场，那么，恰到好处地打圆场，则能帮助他人找回面子，也能够帮助你找到友谊。总而言之，面子问题在现代社会是不可小觑的问题，我们必须引起足够的重视。

所谓打圆场，在现实生活中是非常常见的现象，只要我们细心、留心，就能发现很多打圆场的现象。通俗地说，所谓打圆场，就是从他人的角度出发考虑问题，帮助他人找到恰到好处的理由，以便缓和激烈和紧张的气氛，做到让在场的人都放松下来，从而使气氛更加和谐。人们常常会因为各种各样的问题产生争执，或者发生纠纷，在这种情况下，如果你能让现场气氛变得融洽，则大家都会感激你。通常情况下，打圆场的都是局外人，不过，如果事发突然，或者没有其他人能够打圆场，则我们自己也是可以打圆场的，这样不但给予了对方面子，也为自己找回了面子。

一年一度的年会就要开始了，在主持人说了开场白之后，轮到张董事长讲话。不想，话筒突然发生故障，不停地发出刺耳的声音，导致台下人声鼎沸，大家议论纷纷。显然，张董事长有些尴尬，不知道如何改变局面，这时，机灵的主持人从张董事长手中接过话筒，先是拍了拍，以减少共振，接着又对着话筒喂了好几声，在证实话筒的故障已经消除之后，才大声对着台下的职工们说："因为张董事长的威严，话筒都吓得哆嗦了，不停地吭吭唧唧。现在，话筒已经恢复了正常，因为它知道，让张董事长透过它说话，是它三生有幸，对于我们在场的每一个人而言，能够聆听张董事长的教诲，同样是三生有幸。现在，就让我们平静下来，用绝对的安静欢迎张董事长的发言吧！"主持人的话音刚落，台下就爆发出热烈的掌声，张董事长这才恢复脸色，坦然地拿着话筒开始讲话。

在这个事例中，张董事长面对话筒的临时罢工，再加上台下的职工们议论纷纷，显得非常尴尬。作为位高权重的董事长，他当然不愿意提醒大家保持安静，也不好意思反复证实话筒有没有恢复正常，幸好担任年会主持人的下属非常有眼力见，在这个千钧一发的时刻，主动接过张董事长手中的话筒，帮助张董事长验明话筒能否正常使用，而且为这片刻的喧闹进行了简短的致辞，成功挽回了张董事长的面子。可想而知，张董事长虽然当时没说什么，但是心底里一定非常感激机灵的主持人眼明手快地为他找回面子。因此，这个主持人的职业生涯在未来必然会发展得一帆风顺，因为他不但得到了张董事长的赏识，也将得到张董事长的提携。

在很多社交场合，任何微妙事件的发生都会影响全局的和谐融洽，我们不管是作为当事人，还是作为旁观者，都应该抓住机会给他人足够的面子。这样一来，得到面子的人一定会对我们产生良好的印象，甚至会在机会允许的情况下给予我们更多的提携和帮助。总而言之，多个朋友多条路，不管是谁，多个朋友总比多个敌人好，更何况，很多面子都是顺手拈来的，做个顺水人情当然是最好的选择。

第12章

懂心理，职场话说得不失暖心

对于职场人来说，人生中大部分的时间都是在职场中度过的，因此，通过职场沟通与领导、同事、下属建立友好的关系是很有必要的，这将有利于自己未来事业的发展。懂一些心理学，即便是职场话，也能说得温暖动人心。

先认可对方，才能获得对方的认可

心理学家曾经做过这样一个实验：让两个刚从高等学府毕业的学生分别进入一家公司的两个部门。第一个学生心高气傲，仗着自己的高学历和过硬的技术，和同事说话的时候总是流露出轻蔑的情绪；而第二个学生尽管业务能力也很强，却能和同事们打成一片，说话比较谦逊，做事比较低调。没过多久，第一个学生遭到了同事的排挤不得不辞职，而第二个同学则晋升为部门经理了。

同样是两个高等学府的高材生，言谈举止之间流露的情感不一样，最终在职场的发展截然相反，这涉及心理学的一个概念——“需求定理”。“需求定理”说的是任何人做任何一件事情都是带有一定需求的，尊重并满足别人的需求，别人才会尊重我们的需求，这种需求的互相尊重是建立和谐的人际关系的基础。基于人们的这种心理，我们要想获得别人的认可，就要先去认可别人，在这个过程中，谦逊是最好的良药。

科研所的小王是名牌大学毕业，非常有才华，刚工作不久，就带领着同事们主攻一个有难度的科研项目。凭借着扎实的基本功，小王在同事的大力配合下，圆满地完成了科研项目，在庆功宴上，小王不可一世地吹牛皮。

庆功宴结束之后，小王的朋友就劝他："你怎么可以那么说呢？你说话就不能谦逊一些吗？"小王不以为然地说："我有能力才敢吹牛皮，给他们别人去吹，他们有那个能耐吗？"渐渐地，小王觉得同事们都在有意无意地和他作对。事实上，从那之后，小王再也没有成功研发项目。

小王取得了一些成绩之后就不可一世，不把同事们放在眼里，结果遭到了同事们的排挤，慢慢就被淹没了。心理学家表明：任何人都渴望被尊重，希望能被别人重视，只有受到了精神上的认可，他们才会去尊重你，去认可你。人与人之间彼此需要才能更好地生存，因此，在职场中，在和同事的相处中，言语要谦逊一些，把尊重和爱送给同事，他们才会喜欢你。

在职场里，这样的例子非常多。公司人事科的经理和销售科的经理都是很有才干的人，人事科的经理总是觉得自己掌握着很多人的命运，因此不可一世，从来不把公司的员工放在心上，经常冲他们发脾气。而销售科的经理却非常和蔼，和公司的员工很能聊得来。时间久了，人事科的经理人缘越来越差，而销售科的经理口碑却很好。在公司的一次调整中，销售科的经理晋升为了副总经理，而人事科的经理却卷铺盖走人了，可见，在一个集体里，如果大多数人不喜欢你，那么你将无立足之地。因此，平日里和同事相处的时候，要尽量谦逊一些，避免遭人嫉妒，为你的职业发展打一个良好的基础。

那么，究竟怎样才能让你的言谈谦逊一些呢？

1.说话时态度不妨诚恳一些

每个人都有戒备心理，尤其是在没有确定对方的友善之前，这时候如果你太过高调，往往就堵住了和别人建立平等互信关系的大门。因此，在职场里，说话不妨诚恳一些，口气缓和些，语调温柔些，不要引起别人心里的抵触和对抗情绪，这样才能得到别人的欣赏和喜欢。

2.不要轻易卖弄自己的才华

在一个集体里，如果你属于出类拔萃者——由于你的学历高、技术硬，所以会鹤立鸡群，对于一些普通人来说，他们无法与你比肩，这样就会形成对抗。和这些人说话的时候千万不要卖弄你的才华，否则你就是大家的眼中钉、肉中刺了。

3.坦诚地和每一个人去交流

每个人的理解能力不一样，在工作中的表现往往也不一样，有的人很优秀，有的人很笨拙。这就要求我们在和他们交流的时候不要戴有色眼镜，要坦诚地去面对每一个人，赢得他们的尊重和欣赏。否则，你在大家的眼里便不会有好口碑，遭人妒忌和排挤是难免的。

研究表明：每个人内心都有一种被需要、被尊重的渴望，这样才能满足内心中被认可、被肯定的需要。你需要别人，尊重别人，别人才会同样地需要你，尊重你，这是建立和谐的人际关系的前提和基础。在职场中，和同事相处时，言谈要尽量表现得谦逊一些，不管你有多优秀，都要牢记这一点。

把握说话分寸，与同事保持友好关系

身处职场，办公室每天都发生着这样或那样的是是非非。不管你是不是卷入了这些是非，也不管你是喜欢路见不平、拔刀相助的“英雄”，还是“事不关己，高高挂起”的“世外闲人”，都要和这些同事们日复一日、年复一年地相处下去，这就需要你掌握一些与同事说话的艺术，尤其是要把握说话的分寸，在他们中间塑造一种受欢迎和被欣赏的说话形象和风格，通过说话，让同事感觉你是个易于相处的人，只有这样，才有利于工作的开展，才有利于自身的发展。

与同事相处，要讲究分寸。话太少不行，现在社会中的人都是社会型动物。那些少言寡语的人，会被大家认为不合群、孤僻，不善交往，久而久之，他们就会被大家所孤立，难有什么发展。话多了也不行，容易让别人反感，而且容易让别人误解，认为你是个轻浮、不稳重的人，还容易落下个“乌鸦嘴”的名声。所以说，不多说一句，也不少说一句，这才是与同事间最理想的说话分寸。

与同事说话把握分寸，有下面这样几条原则：

1.公私分明

不管你与同事的私人关系如何，一旦涉及公事，你千万不可把你们的私交和公事混为一谈，否则你会把自己置于一种十分尴尬的境地。

2.注意对方的语言习惯

我们在与同事交往的过程中，必须留意对方的忌讳语，若一不留心，脱口而出，最易伤同事间的感情。即使对方知道你不懂得他的忌讳，虽情有可原，但你终究还是冒犯了他，因此，应该特别留心。

3.不要展示自己的优越

有些人动不动就提到自己或家人的辉煌业绩和显赫地位，向同事们炫耀，这将对同事们的自尊心造成伤害，引起大家的不快，招致大家的厌恶和反感。

4.尽量使用温和语言，不发生正面争吵

中国人自古便十分强调“人和”的因素，诸如“和气生财”“和为贵”“家和万事兴”之类的古训，至今仍被人们所津津乐道。无论你在你所处的公司、单位或任何一个利益共同体中处于怎样的位置，都应该与你的同事团结一致，“内讧”只能使每个人的利益都受到损失。

比如，你偶然发现某位跟你十分熟识的同事竟然在你背后四处散播谣言，数说你的不是和缺点。这时你才猛然觉醒，原来平日的喜眉笑目，完全是对方的表面文章！这时候，你可能很想和他大吵一通，揭露他的“恶行”，让其他的同事认清他的真面目。但是千万不要这样，因为大家是同事关系，你若摆出绝交态度，一定会吃亏：一则别人以为你主动跟他反目成仇，问题必然出在你身上，这无形中给了对方一个借口去伤害你，这样做太不理智了。二则你们同在一个办公室，你总不想成天看见一副冷若冰霜或是怒目而视的面孔吧！对方滔滔不绝或多有冲撞冒犯之时，尽管任其发泄，自己在旁心平气和，处之泰然，尽量以柔和礼貌的语言来表达自己的意见。所谓“不打不相识”，同事与同事间往往正是在这种貌似攻势激烈的争执中达到了心灵的沟通和思想观念的交流，反倒越吵越了解，越争越痛快，比起以前的“和平共处”阶段还要互相尊重和信任。更何况你俩还有合作机会，并且上司最不喜欢下属因私事交恶而影响工作。

5.闲谈时莫论人非

只要是人多的地方，就会有闲言碎语。有时，你可能会不小心成为“放话”的人；有时，你也可能是别人“攻击”的对象。这些背后闲谈，比如，领导喜欢谁、谁最吃得开、谁又有绯闻等，就像噪音一样，影响人的工作情绪，聪明的你要懂得，该说的就勇敢地说，不该说的一定不能乱说。

总之，与同事说话，我们要懂得一些心理策略，让同事感觉到我们易于相处，这样才能在整个说话中掌握主动权，最终使自己的意思较顺利地得到实现。

技巧表达异议，让同事容易接受

身处职场，我们天天要与同事打交道，每个人的个性、认识不同，对同一件事的看法和意见自然也不同。而很多时候，即使意见不一，也绝不要和同事或者老板争论，就算你认为自己很有道理也不要这么做，因为那对你没好处。结果要么是你输掉这场争论，要么就是你失去一些跟你站在同一战线上的人。但是，你还是需要想一些办法阻止他们产生一些草率的念头，避免最后出现会给你职业带来不良影响的交锋。此时，就考验到我们说话的能力。那么，我们如何说话，才能正确地表达相反意见，同时还能避免跟同事彻底翻脸，且把话说到对方心里，让其欣然接受呢？

下面是正确反驳同事的心理策略，一共有五个步骤：

第一步：多听少说。

当我们发现同事的意见或者方案不妥时，不要急于去争论或者发表不同意见，也不要插嘴，相反，你要鼓励同事把自己的想法完全并且充分表达出来。他们希望你懂得倾听，也希望能够得到尊重，如果你总是很快地跟他们争论的话，你可能会听到“你还是没懂我说什么……让我解释给你听”这样的话，最终你们将会得到一方获胜一方失败的结果，那这样的争论就完全是浪费时间。

第二步：善意的保留。

在谈话开始的时候肯定对方说的一部分观点是十分明智的做法，也就是说，无论同事的观点正确与否，你都要保留善意的意见，并给予其情感上的认同。等到和同事站在一条战线的时候，你再去指出其意见和看法的不足之处，对方接受起来会容易得多。

第三步：找出普遍原因。

表扬同事作出的努力，你必须感谢同事有意愿、有勇气并且有见解地去解决他们认为应该得到解决的问题。告诉他们为什么这个问题十分重要；从一开始的时候就要把讨论集中在你希望得到的结论，而不是他们的具体看法上。

第四步：强调重点。

表示你已经想到了这一个问题，但还在挣扎之中。你可以说你对三个大问题还拿不定主意，这三个大问题就是你认为你同事的观点中存在的三个致命漏洞。

第五步：同心协力，解决问题。

到现在，你应该已经把讨论从对方的观点（你的同事永远也不可能同意改变他们的观点）转移到问题本身（你的同事将会一而再，再而三地向你证明他们能解决好它）上来了。新的解决方案应该会得到双方的共同认可，最终代替你之前听到的那个疯狂的提议，同时，你的同事还会认为那完全是他们提出来的主意，没有人会为维护自己的观点争论不休，事实上，你已经赢得了这场争论，还赢得了一个朋友。

但我们千万别被他们观点里的逻辑绕了进去，也别让自己陷入到关于他们建议的所有细节的无休止讨论里去。悄悄地把讨论从原来的设想里转移出来，你可以把重点放在你和你同事共同想实现的目标上，让他们觉得他们帮到了你，给你提供了可用的建议，而不是被你批评了一顿。

一旦你被大家公认为是一个知轻重、老练的人，那你的一个小小的意见在别人看来都十分重要，你通过巧妙地表达自己的不同意见，得到了权力、公信力还有盟友。

总之，我们反驳同事的目标是要得到双赢，而不是一赢一输。运用心理策略，从以上这几个步骤出发，这一目标的实现自然容易得多!

适时向上司表达敬意和关心

身处职场，我们免不了要与上司打交道，我们在与上司说话时，要尽量表达自己的敬意和关切，这是拉近与上司距离的重要方法。可能有些人觉得大家都是同事，成天抬头不见低头见，讲那么多“礼节”没有必要，即使算不上“虚伪”，也挺累人的，但是，在职场上礼多人不怪，小心驶得万年船。比如，上司帮助了你，对上司表示敬意与感谢后，上司可能会说“别那么客气”，但是，当你再次向他表示敬意与感谢时他内心还是相当满足的。从心理的角度看，上司都希望得到部下的尊重和关心，一般来说，这种敬意和关心也是双向的，你一句关心的话往往会在心理上拉近与上司的距离，自然也会获得上司的关心和照顾。

事实上，职场中，很多时候，我们都是通过利用上司的资源完成任务或使自己取得进步。此时，可能我们对上司充满了敬意和感激之情，但是，很多人喜欢含蓄，不愿将自己这份真实的感情表达出来。但是，对方是上司，他给予了你帮助，表示自己的感激是对于部下最起码的要求，所以，一定要将心中的敬意也明确地表达出来。另外，上司也是人，在忙碌的工作之余，下属的一句关心的话可能就让他精神倍增。因此，无论从哪个角度说，作为下属，我们都需要对上司表达敬意和关心。

那么，我们该如何表达我们对上司的敬意和关心呢？我们可以从以下两个方面入手：

1.表达敬意

用语言把对上司的敬意直接表达出来，这一点非常重要，表达敬意，就是把自己看到的上司身上的长处和优点告诉上司。比如，你通过上司的帮助终于完成了自己的工作，就对上司说："谢谢您的帮助！"上司听到你的感谢，心里自然会很高兴，但是，这是一般稍有教养的部下都能做到的。发现了上司身上优秀的地方，就用简单朴素的语言告诉对方，这是一种非常有效的"表扬"，它能引起上司强烈的心理共鸣。表扬上司有以下几种方法：

（1）表扬事实

上司表扬部下的时候，一般都是用这种方式："你写的这份报告，第二部分的建议很有价值。"由于上司说得很具体，部下就会觉得上司很重视自己的报告，留意了每一个细节，所以，相互信赖的关系又加深了。

部下表扬上司的时候，最好也以表扬具体的事情为主，当然，有时候也可以比较模糊，比如，部下可以这么表扬上司："这一段时间由于得到您的大力帮助，我觉得自己进步很快，因此非常感谢！”

（2）及时表扬

表扬上司和向上司提问一样，在时间上要把握好。大多数上司都很忙，他们没那么多时间与精力来与部下细细地沟通，所以，如果不把握好时机，你表扬得再好，上司也可能听不进去。比如，部下说：“经理，这件事真的非常谢谢您！”可经理连头也没抬起来，继续看自己的文件，只是在口头上应付部下：“哦，是吗？”

另外，表扬应该在事情完成的时候进行，如果过了几天甚至几周后再去表扬，那就是马后炮，已经失去了意义，上司可能会因莫名其妙而反问你：“你说的是什么呀？”

如果要表示自己的感谢、敬意和收到礼物时的谢意，最好在事情刚刚结束时进行。

（3）不伤害对方的自尊心

在表扬上司的时候，有一条重要的原则，那就是不能伤害上司的自尊心。有些部下本来想赞扬上司，话说出口之后，却伤害了上司的自尊心，这种现象在日常工作中并不少见。比如，上司加班加点赶出一份会议文件，部下看后说：“经理，没想到您的文笔这么好！”这与其说是赞扬，倒不如说是贬低上司。看见上司从外面拜访客户回来，部下忙说：“经理，您辛苦了！”这本来是表示关心，在上司听来却像对方成了自己的老板，所以，部下表扬上司的时候一定要注意遣词用句。

2.表达关心

（1）善于发掘“素材”

要学会关心领导，就要学会从小事开始关心。在平时的工作中，让自己做一个有心人，善于发掘关心的“素材”，这样，上司会觉得你是一个细心、体贴的人。

（2）发自内心地关心领导

关心之语，只有发自内心地说，才显真诚。如果领导发现你言过其实，就会觉得你只会要嘴皮子，不够牢靠，所以，宁可不说关心的话，也不能虚情假意。

总之，用语言向领导表达敬意和关心，是一个优秀的下属和职场人必须掌握的技巧，是拉近与领导心灵距离的重要方法！

把合适的评价送给适合的人

心理学家曾经做过这样一个心理学实验：让一个领导去分别赞扬和批评两个下属。对于一个表现优秀的下属，领导说：“你的表现真是太好了，我非常满意。”对表现不佳的下属说：“你是怎么回事，笨得像头猪一样！”受到表扬的下属非常高兴，可是从那以后工作非常怠慢，效率非常低。受了批评的下属非常自卑，工作也没有了热情，没过多久就辞职离开了。

不管是表扬还是批评，下属的表现都非常不好，这究竟是怎么回事呢？心理学专家给出了解释：人的内心有被需要的期待，满足这种期待会让他们得到更多的认可和肯定。但是，如果你的肯定超过了对方的心理期待，就会让别人居功自傲，产生骄傲自满的情绪；相反，如果你不能满足对方的心理期待，也会让他们灰心失望，产生自卑的心理。基于人们的这种心理，在表达表扬和批评的时候，一定要把握住“度”，把合适的评价送给适合的人。

某公司一位职员经常迟到，上司非常生气，把他叫到了办公室，对他说：“你到底打算怎样，公司并不是你一人的，可以想怎么做就怎么做，你这种行为根本是无视公司的规定，你自己好好反省反省，回头给我写一份深刻的检查。”从那之后，这位员工再也没有迟到过，但是，也再没有和上司沟通和交流过。

同一公司的另外一名领导，对于下属经常迟到的问题，他这样说：“我觉得你心里也是认为迟到是不对的，你说是吧？”下属点了点头表示认可。领导笑着说：“如果你能坚持这种观念，相信在不久的将来，你一定能发现准时上班的乐趣。”说完，笑呵呵地拍了拍下属的肩膀。从那之后，下属再也没有迟到过，而且和领导成为了无话不谈的朋友。

前一个领导批评下属的时候，言辞很激烈，结果严重地伤害了下属的自尊心，导致下属对领导产生了抵触和对抗的情绪。相反，第二个领导在表达批评的时候，充分尊重了下属，赢得了下属的尊敬。研究表明：任何人都渴望得到别人的尊重，即使在表达批评的时候也要充分尊重对方，同样，在表达表扬的时候也要尊重下属，不要给他们过高的荣誉，避免把他们推上期望的“最高点”。可见，作为领导，我们在职场上批评和表扬下属的时候要注意把握火候。

在职场上，这样的例子非常地常见。在编辑部，有一个叫雯雯的女孩工作起来非常认真，多次得到了主编的表扬。这天，她的一篇文章登上了全国著名的报纸，主编在大家面前表扬她说：“雯雯的工作能力是你们当中最强的，工作态度是你们当中最好的，我们大家都要向她学习。”从那之后，雯雯工作起来漫不经心，当有同事向她指出了之后，雯雯不以为然地说："你什么水平，敢说我，有本事，你也让主编夸一下你啊？"从那之后，没有人再帮助她了。没过多久，雯雯因为工作态度不端正被编辑部除名了。可见，对下属的表扬要把握住火候，否则，超过对方内心的期许之后，容易让下属产生骄傲自满的情绪，这对工作是极其不好的。

那么，领导究竟怎么表达奖罚才算合适呢？

1.批评时要懂得尊重对方

人在受到批评的时候，心内往往会很不舒服，觉得自己受到了伤害，但是，领导不批评下属又是不可能的。因此，在批评的时候一定要注意言辞和情绪，尽可能地去保护对方的情感少受伤害。如果可以，在表达了批评之后要和下属很好地进行沟通和交流。

2.表扬时不要把对方推到最高点

每个人都希望自己能不断进步，作为领导，我们表扬下属的时候不要轻易把他们推向心理期待的最高点，否则会让他们产生骄傲自满的情绪而不思进取。如"你是最优秀的""你永远是第一"等，这样的话最好别说。

3.批评和表扬同时进行最合适

任何人都不是完美无缺的，这就告诉领导，在表达表扬的时候，也要给他提一些小要求，这样能在一定程度上避免下属产生骄傲自满的情绪；在表达批评的同时，也要对他们进行一些肯定和认可，不要全盘否定，避免下属产生自卑的情绪。

研究表明：每个人内心都有一个心理期待，同时也有一个上下滑动的弹性机制。当接收到表扬之后，心理期待得到了满足，心理承受滑到最高点；当接受到批评时，这种心理期待远远地得不到满足，心理承受滑到了最低点。因而，在表达赞美和批评的时候，一定要把握住火候，不要超出了他们的心理承受范围。

第13章

懂心理，暗示话说得润心无声

暗示是可以通过言语达到目的的，虽然人们并没有明确用言语说出自己的意见，对方却在言谈之间不由自主地领会和接受言语中含有的暗示信息。通过暗示，可以使人们的言语达到“无言胜有言”的效果。

适当点拨，尽量不伤和气

在日常生活与工作中，我们不可能永远一帆风顺，也不可能凡事都顺心如意，每当遇到不能如愿的事情时，我们难免会感到不满或者生气。然而，现代社会的人际关系如此复杂，我们必须学会更好地发泄情绪，才能避免因此与他人之间产生不愉快。很多情况下，如果我们稍有不满意就歇斯底里，那么一定会失去好人缘。然而，很多人又不愿意委屈自己，该怎么办呢？其实，除了直截了当地表达愤怒和不满之外，还可以选择委婉的方式表达不满，这样既不会与他人反目成仇，也能够表达自己的真实心意，从而既能让他人知道你的不满，也维护了友谊的和平状态，这种好办法，可谓一举数得。

实际上，每个人每天都难以避免地要面对自己的情绪问题。尤其是在如今竞争越来越激烈的职场上，同事之间的残酷竞争，导致很多行业的从业人员之间的关系都更加微妙。稍有不慎，我们或者被同事黑，或者无意间得罪同事。在很多情况下，人们的本性都是维护自己的利益，因而难免会因为利益受损而生气、愤怒。而生气的目的是什么呢？一味地生闷气，是不可能达到目的的，因为，大多数人生气，实际上是想要震慑他人，从而获得他人更多的尊重；而生闷气，恰恰让生气失去了原有的效果，也让我们的生气变得毫无意义，只有把气愤用合适的方式表达出来，我们才能更好地达到自己的目的，让他人改变对待我们的态度和方法，从而也为自己争取更多的尊严。

在战场上，最圆满的结果就是敌人不战而降，在人际关系中，最好的办法就是不动声色，却达到了目的，要想实现这一点，我们首先应该专心专注，从而以实力为自己代言。遗憾的是，很多时候实力并不能让他人更加敬畏你，反而会令其因为嫉妒等等复杂的情绪对你做出更加出格的事情。这种情况下，我们就应该学会换一个角度看待问题，很多问题的答案都不是唯一的，通过不同的角度去看，会有不同的意见、观点和收获。例如，站在他人角度看待问题，就能够很好地帮助我们平息怒气，更多地理解和体谅他人，也因而能够帮助我们恢复理智，从而让我们更加委婉地表达自己的不满。中国汉字博大精深，只要说得巧妙，就能收到意在言外的效果，我们一定要学会灵活运用语言，只要能够适当地点拨对方，就可以如愿以偿地不伤和气地达到效果。

宫如是一家出版社的推销人员，她的主要工作就是不停地出差，与各个地方的书店、书商联系，请他们吃饭，维护关系，从而保持稳定的销量。有一次，宫如出差时乘坐火车，因为百无聊赖，当一位男士与她搭讪时，她也不置可否地与对方攀谈起来。毕竟，漫长的旅途生涯让宫如倍感寂寞，如果是一个有趣的聊友，倒是也能让枯燥乏味的旅途有趣一些。经过十几分钟的交流，宫如觉得男士还算比较遵守规矩，为此，她有一搭没一搭地聊着。不想，没过多久，这位男士突然突兀地问：“你结婚了吗？”这个问题让宫如很恼火，但是碍于之前一直愉快地聊天，她不能直接发作。为此，宫如说：“其实我早就想问你每个月的收入是多少，但是作为淑女，我知道问男士的收入是不礼貌的，因而忍住了自己的好奇心。不过，我觉得作为一个绅士，你应该也知道不能问女士是否结婚的问题，否则就是更加不礼貌的行为了。你觉得呢？”男士听到宫如的话，也觉得很尴尬，笑了笑就不再说话了，满脸都是尴尬的表情。

在这个事例中，宫如虽然因为男士唐突的问题而感到尴尬，却没有因此当即发火，否则，此后的旅程对着一个反目的人一定更加难堪。因而，宫如采取委婉的方式表达了自己的不满，暗示男士不应该随随便便问女士婚否，男士还算识趣，看到宫如给他留了面子，便也尴尬地笑了笑，就不再说话了。

当我们学会用语言隐晦地表达自己的意思的时候，就一定能够把很多尴尬化解于无形，而且能保全他人的颜面，不至于与他人之间完全反目成仇，可谓一举两得。中国文字博大精深，根据情境、语气的不同，能够很好地表达不同的意思，只要我们处处用心，就能避免冲突，恰到好处地隐晦表达。

不断夸奖，让对方变得更优秀

一个人即使再怎么优秀，也不可能让身边的每一个人都感到满意，因而，当我们对一个人不满时，千万不要强势地要求对方改变。现代社会中的年轻人，大多数都是独生子女，而且从小在父母的呵护下长大，因而很多人都个性极强。这种情况，直接导致人们在生活中彼此宽容和忍让的能力欠缺，包括在职场上的很多磨合也都变得越发艰难。从社会的高度来看，很多人频繁跳槽，离婚率不断攀升，所谓的与同事相处不来，性格不合、感情不和等原因，归根结底都是因为人们彼此之间不能容忍。因此，人与人就像是刺猬一样，一旦靠近，就扎得对方哇哇乱叫，也扎得自己不知所措，只好赶紧离开十万八千里，恨不得老死不相往来。

那么，如何才能成功地改变一个人呢？以往，人们会为了爱情改变自己，但是，如果是单方面的付出，爱情也是不能长久的，相爱的人尚且如此，更别说是关系微妙的朋友、同事之间了。其实，要想改变一个人，一味指责并不能达到显著效果，有的时候还会因为他人的逆反心理导致事与愿违。要想让一个人真正地改变自己，你不妨持续地夸赞他，就按照你所期望的样子夸赞，他一定会主动改变，而且变得越来越好。

很多女人都觉得男人结婚后变了，从热恋时期的温柔体贴、勤快肯干，变得脾气暴躁，粗心大意，而且懒得要命。如果说婚前在一起大多数家务活都是男人干了，那么一旦结婚男人转眼间就会改变模样，懒得甚至连油壶倒了都不愿意扶一把。对于这样的男人，不得不说他们太不能装了！男人很会装，其实男人婚前的种种优秀表现，都是装出来的。那么，女人也许会说，如果能装一辈子也好啊！的确，聪明的女人能让男人装一被子，愚蠢的女人却只能让男人放弃伪装。小米和小麦姐妹俩，恰恰就是聪明女人和愚蠢女人的典型。

小米和小麦是双胞胎姐妹，同一天结婚的。结婚之后，小米就开始夸赞丈夫，她总是当着很多亲戚朋友的面说：“我家李刚特别会做饭，我最爱吃他做的饭呢！你们不知道，他做的饭比五星级大厨做的饭还要好吃，而且，他每次都会细心地为我剔鱼刺。我常常想，我这辈子做的最正确的选择，就是嫁给了李刚。”与小米恰恰相反，小麦每次见到亲戚朋友都不停地诉苦：“男人都是大骗子，真的。结婚之后我才知道我被骗了，杜伟结婚前对我多好啊，每天对我嘘寒问暖、呵护备至。现在呢，他再也不做任何家务，哪怕家里乱得像刚被劫匪光顾，他也佯装没看见，就更别说做饭、洗衣服了。总之，我是被骗了，上了一个天大的当。”结果，在姐妹俩喋喋不休的唠叨中，小米家的李刚表现得越来越完美。李刚曾经的厨艺并不像小米说得那么好，但是他现在的厨艺已经有了很大进步，差不多可以赶上普通家常菜馆的厨师了。而小麦家的杜伟呢，也变得越发地懒惰。如果说他曾经的婚后表现让婚姻看起来像个小小的骗局，那么他现在的表现则无愧于小麦整日挂在嘴边的大骗局了。这是为什么呢？

小米很聪明，她在结婚之后其实也感觉到了落差，这是大多数人面对婚姻都会有的感触，然而，她忽略了这小小的落差，而是选择更持续地夸赞李刚。李刚呢，因为总是人前人后地得到小米由衷的夸赞，明明厨艺不好，为了对得起小米的夸奖，所以勤学苦练，最终越来越无限接近小米的夸赞。小麦呢，她不停地抱怨杜伟，而且在亲戚朋友面前揭杜伟的短，最终只能导致杜伟破罐子破摔，再也不想尝试作出任何改变。由此一来，关于小米和小麦的婚姻前景，聪明人一定会作出准确的预测。

不管对谁，要想改变他们，我们就要学会持续地夸赞，而且把没有的事情说得跟真的一样，从而真心诚意地赞美他人。唯有如此，他人才会因为得到夸赞，努力地缩短自己与理想之间的差距，从而让自己变得越来越完美。

话语暗示，打消对方内心疑虑

我们在人际交往中，都希望获得他人的信任，因为出于任何目的的沟通都是建立在互信的基础上的，否则交流就无法进行下去。然而，现实的沟通中，不少人遇到了这样的困惑——怎样才能打消对方的疑虑呢？有时候，直接劝说未必有效果，甚至可能适得其反，此时，你可以通过言语暗示把自己的想法传递给对方，使对方打消心中的疑虑。

一般而言，每个人对于自己心中的想法都有保密的冲动，他们不希望自己的心思被别人看穿。鉴于对方这样一种心理，即便我们猜中了对方正在焦虑的事情，也不能直接说出来，而应巧用话语暗示，正所谓“曲径能通幽”。

娜娜小姐因公出差，在火车上与一位男士坐在了一起。火车开了没多久，男士就主动打招呼，娜娜觉得自己一个人挺闷，于是就和他攀谈了起来，两人就一些话题聊了起来。

可是，聊着聊着，那位男士竟然将话题一转，贸然发问：“你结婚了吗？”娜娜顿时心生厌恶，迟迟不回答，男士见娜娜突然变得不高兴，显得有点不知所措。

为了打消男士心中的疑虑，娜娜解释说：“先生，我听人说过这样的话，‘对男人不能问收入，对女人不能问婚否’，请你谅解。”那位男士听娜娜这样一说，尴尬地笑了笑，就不再说话了。

面对男士唐突的问题，如果娜娜保持沉默，就会显得不太礼貌。为了打消对方心中的疑虑，也为了给对方一个台阶下，娜娜巧妙用语言暗示出自己拒绝回答问题，同时，也使男士意识到自己言语的失礼之处。

那么，与人沟通中，我们该如何巧妙运用话语暗示来达到自己的目的呢?

1.语言随和，努力营造一种轻松愉快的气氛

要想打消对方的疑虑，在交流前就要努力做到使对方放松。这需要你做到：首先，要从自我做起，谈话要直率而坦然，使对方不感到拘谨。其次，我们要多听少说，多给对方表达的机会，你的眼神要随时表现出你对他的理解和认同。

2.暗示对方的疑虑是没有必要的

以销售活动为例，如果你是一名保险推销员，那么，对方很有可能反驳你，“保险是骗人”，此时，你可以这样为客户分析保险带来的利益：“即使物价会有所上涨，但有保险总比没有保险好，而且我们公司早已考虑了这些因素，顾客的保险金是有利息的。当然！我这么年轻在您面前讲这些，实在有点班门弄斧，还望您多多指教……”通过语言暗示对方的疑虑是没有必要的，以此来影响他人的心理变化，达到说服他人的目的。

3.巧妙引用第三方的话

“王婆卖瓜，自卖自夸”，我们一味地正面陈述事实的时候，对方未必相信，此时，你不妨换一种方式来说这件事情，这样就可以大大消除对方的疑虑。巧妙引用第三方的话，向对方证明你的观点，这就是打消对方疑虑的好方法。比如，你可以这样说，“我的邻居已经用了三四年了，仍然好好的”，这句话暗示出产品质量绝对能过关，虽然邻居并不在旁边，但这已经有效地打消了对方心中的疑虑。

可见，沟通中，要想慢慢打开他人心扉，就需要我们学会巧妙暗示，

只有这样，才能拉近彼此的距离，消除对方的戒备心。

正话曲说，暗示自己的建议

沟通是一种复杂的心理交往，而每个人的微妙心理、自尊心往往在里面起重要的控制作用，稍微触及它，就有可能产生不愉快。所以，对一些只可意会不可言传的事情，可能引起对方不快的事情，比如，提出对方的错误，对方的不足之处等，这时候就不能直言相告，只能通过语言暗示来达到目的。那么，该怎么暗示他人的错误呢？心理学家指出，人们从不拒绝幽默的语言，因此，生活中的人们，如果你也能运用幽默因素，能以开玩笑的方式说点俏皮话，那么，便能达到暗示对方、让对方认识错误的效果。暗示批评法，即对事物表达自己的看法，不是通过直说，而是以各种方式进行曲说，并达到幽默的效果。

不得不说，幽默是一种难得的口才，而懂幽默的人更有魅力，即便是难以直接表达、可能伤及他人的话，他们都能以开玩笑的方式让对方巧妙接受。的确，幽默也是一种暗示的方法，能让对方听出你的言外之意，自己认识到错误，从而加以改正。

具体来说，我们还应掌握一下分解出来的几种方法：

1.影射

罗西尼是19世纪意大利著名的作曲家。有一天，一个作曲家带了一份声称是自己创作、实则为七拼八凑的乐曲手稿来找他，要向他请教。在演奏的过程中，罗西尼不住地脱帽。作曲家见状，便问是不是屋里太热了。

罗西尼微笑着说："不，只是我这人有个习惯——见到熟人就脱帽。在您的曲子里，我碰到那么多熟人，因此只能不断脱帽。"

很明显，面对这份七拼八凑的乐曲手稿，罗西尼很想指出他的过错，但他没有点破对方"抄袭""拼凑"，而是用富于幽默的"不住地脱帽"的动作和"碰到那么多熟人"的解释，委婉含蓄地暗示了自己尖锐的批评意见，这种批评虽不如直说那般鲜明尖锐，但它不仅生动形象，而且幽默、含蓄，更因富于讽刺意味而耐人寻味。

2.设疑

谈话中以提出疑问和假设的方式表达自己的不同意见。

3.巧借话题

表达得含蓄而幽默，在不损害对方自尊心的前提下令对方愉快地得到暗示。

4.讳言婉语

人们在日常说话中，由于某些原因，需要避讳，于是出现了讳言婉语。从某种角度看，讳言婉语实际上是一种巧妙的暗示，有时会有幽默的效果。

5.弦外之音

生活中，有时候，我们在需要指出他人错误的时候，却发现，如果直接指出，可能会带来一些负面结果，比如，伤害对方自尊心、伤害彼此间的友谊，或者让对方没面子等，而说说俏皮话，开开玩笑，远比一本正经地指出他人的过失和不足更委婉含蓄，更易让人接受！

讲故事举例子，隐晦的表达方式

在很多时候，我们会有一些难以言说的话，或者不便于表达的想法，这时候我们可以借助于讲故事或者举例子，婉转地表达出自己的想法和建议，让对方明白自己的用意。无论是讲故事，还是举例子，我们都是通过一些事例来传达自己的观点。如果直接说出自己的意见或想法，对方有可能会拒绝接受，这就需要借助具有隐晦性而又有代表性的事例来加以表达，这样一方面可以省去直接表达带来的弊端，另一方面还可以增强一定的说服力，同时，这样的表达方式也更容易让对方接受，继而影响到对方的心理。

自古以来，那些颇具智慧的大臣在向君王进谏的时候，都会采用这样的表达方式。比如，在“邹忌讽齐王纳谏”中，邹忌并没有直接说出自己的建议，而是通过举例子来表达自己的想法：“臣诚知不如徐公美。臣之妻私臣，臣之妾畏臣，臣之客欲有求于臣，皆以美于徐公。今齐地方千里，百二十城，宫妇左右莫不私王，朝廷之臣莫不畏王，四境之内莫不有求于王：由此观之，王之蔽甚矣。”所以，我们在交谈过程中，若是遇到不好说的话或者不好表达的意见，也可以巧妙地通过讲故事、举例子来传达给对方，让他明白自己的用意。

1.选择代表性的故事或例子

在谈话中讲故事或者举例子，都可以起到使谈话内容具体、增强说服力的作用。但是，我们在选择故事或例子的时候，需要注意其代表性。如果你讲了一个很长的故事，却因为不具备代表性而使对方不知所云，就无法达到沟通的效果。

2.注意故事或例子的适当性

当我们在讲故事或举例子的时候，还需要注意其量的适当性，不能老是在谈话中讲故事、举例子，偶尔在谈话中穿插一个故事或例子，这样让人很新鲜，但经常使用也会使人心生厌烦的。

3.注意表达的隐晦性

当我们在选择讲故事或者举例子这种方式的时候，肯定是想避免直接表达带来的弊端。因此，即便是在讲故事，或者举例子，我们也要适当注意表达的隐晦性，不能直白地在故事中阐明自己的想法。我们所需要表达的想法和意见，完全可以借助于故事或例子去作婉转表达，从而更好地影响对方的心理。

参考文献

[1]醉流枫. 超级沟通心理学[M]. 北京：台海出版社，2016.

[2]晋翔. 沟通心理学[M]. 北京：海潮出版社，2016.

[3]刘艳华. 沟通心理学[M]. 天津：天津科学技术出版社，2017.

[4]朱玉红. 沟通心理学[M]. 北京：中国纺织出版社，2017.